Fotografie: photoart Susann Kreihe

EDLE ÖLE

**35 feine Ölsorten von Albaöl bis Zitronenöl
100 kreative Rezepte**

CHRISTIAN

INHALT

Vorwort	6
Einleitung	8
Interview mit Inga Pfannebecker	14
Interview mit der Ölmühle Hamlitsch	120
Interview mit der Ölmühle Solling	194

ALBAÖL — 22
Käsekuchen — 24
Wiener Schnitzel — 26
Sauce Hollandaise — 28

APRIKOSENKERNÖL — 30
Kürbis-Salat mit Orangen und Pinienkernen — 32
Schokoeis mit Mandelcrumble — 34
Quarkcreme mit Himbeeren — 36

ARGANÖL — 38
Spinatsalat mit Kernen und Pfirsichen — 40
Süßkartoffelsuppe mit geröstetem Fladenbrot — 42
Panzanella mit Tomaten und Kirschen — 44

AVOCADOÖL — 46
Garnelencocktail — 48
Salat aus gegrillter Hähnchenbrust und Mandarine — 50
Forellen-Ceviche — 52
Gurken-Kräuter-Kaltschale — 54

BUCHECKERNÖL — 56
Sandwich mit Halloumi und Kürbis — 58
Gebackene Rote Bete im Salzbett mit Zatar und Burratina — 60
Crostini mit Bohnenhummus — 62

DISTELÖL — 64
Chicorée mit Apfel-Vinaigrette und Ricottacreme — 66
Blattsalat mit Distelöldressing — 68

ERDNUSSÖL — 70
Entensatés mit Erdnusssauce — 72
Blumenkohl mit Erdnuss-Pilz-Gröstl — 74
Erdnussriegel — 76

GRANATAPFELKERNÖL — 78
Hummus mit Granatapfelkernöl — 80
Hafer-Mandel-Porridge mit Trauben — 82
Kürbis-Taboulé — 84

HANFÖL — 86
Himbeer-Bananen-Haferdrink — 88
Karottensuppe mit gerösteten Sauerteigcroûtons — 90
Couscous-Bratlinge mit Orangen-Dip — 92

HASELNUSSÖL — 94
Schoko-Granola – auf Vorrat — 96
Endiviensalat mit Bratapfelscheiben — 98
Tatar mit Pflaumen und Paprikacreme — 100

KIRSCHKERNÖL — 102
Quarkknödel in Semmelbröseln mit Kirschkompott — 104
Buchweizen-Galette mit Camembert und Aprikosen — 106
Vanillekekse mit weißer Schokoladenglasur — 108

KOKOSÖL 110

Veganes Apfel-Zwiebel-Schmalz	112
Schoko-Nuss-Aufstrich	114
Veganer Heidelbeer-Schoko-Rührkuchen	116

KÜRBISKERNÖL 118

Vanilleeis mit Kürbiskernöl	124
Steirischer Käferbohnen-Salat	126
Kartoffelsalat mit pochiertem Ei	128

LEINDOTTERÖL 130

Waldorfsalat	132
Rote-Bete-Bulgur-Salat	134
Karotten-Kichererbsen-Aufstrich	136

LEINÖL 138

Pellkartoffeln und Quark	140
Gebackenes Müsli mit Beeren	142
Frühstücksdrink mit Mango	144

MACADAMIANUSSÖL 146

Karotten-Hirse-Puffer mit Rucola	148
Kokos-Birnen-Shake	150

MAISKEIMÖL 152

Zitronen-Mohn-Selterwasserkuchen	154

MANDELÖL 156

Ziegenfrischkäse mit gegrilltem Pfirsich	158
Gefüllte Mandel-Crêpes	160
Geröstetes Ofengemüse	162

MOHNÖL 164

Erdbeerpancakes	166
Labneh mit Zitrone	168
Karottensalat mit gerösteten Sonnenblumenkernen	170

OLIVENÖL 172

Olivenölkuchen mit Zitronenstreuseln	174
Focaccia mit Olivenöl	176
Gazpacho – Kalte Spanische Gemüsesuppe	178
In Olivenöl pochierter Skrei mit grünem Erbsenpüree	180
Tapenade – Olivenaufstrich	182
Aioli – Knoblauchmayonnaise	184

PALMÖL 186

Spinat-Kichererbsen-Pfanne	188
Asiatischer Coleslaw	190

PFLAUMENKERNÖL 192

Dattel-Ingwer-Dip	196
Spekulatiuscreme mit Kumquats	198

RAPSÖL 200

Vinaigrette für jeden Tag – auf Vorrat	202
Basis-Mayonnaise mit Ei	204
Basis-Mayonnaise ohne Ei	204
Quarkspitzen mit raffiniertem Rapsöl	206
Kartoffel-Spargel-Salat mit Pancetta	208
Ofen-Saibling mit Kirschtomaten	210

SCHWARZKÜMMELÖL 212

Gemüse-Tempura mit Schwarzkümmel-Mayonnaise 214
Linsen-Apfel-Salat 216
Brotsalat mit Roggen, Sauerkraut und Trauben 218

SESAMÖL 220

Glasnudeln mit Shrimps 222
Knusprige Blumenkohlbällchen auf Joghurtsauce 224
Gebratene Mienudeln 226

SOJAÖL 228

Kartoffel-Ingwer-Suppe 230
Hering in Senf und Zwiebeln eingelegt 232
Lammhüfte in Earl Grey mit geschmorter roter Bete 234

SONNENBLUMENÖL 236

Spanische Churros mit heißer Schokolade 238
Falafel mit Tahin-Dip 240

TRAUBENKERNÖL 242

Kopfsalat mit Zitronen-Traubenkernöl-Dressing und knusprigen Kartoffelwürfeln 244
Crostini mit geräucherter Forelle und grünem Tee 246
Eingelegter Mozzarella 248

WALNUSSÖL 250

Spaghettini-Salat mit Petersilien-Walnuss-Pesto 252
Kartoffelrösti mit Feldsalat 254
Hähnchenbrust mit Perlcouscous und Minze 256
Walnuss-Basilikum-Pesto 258

WEIZENKEIMÖL 260

Gebratener Kartoffelsalat mit Rucola 262
Quinoa-Frühstück (Porridge) mit Zwetschgen und Haselnüssen 264
Skyr-Beeren-Creme mit Hafercrunch 266

WÜRZÖLE SELBST GEMACHT 268

Basilikumöl 270
Burrata mit Ochsenherztomaten 271
Risotto mit Basilikumöl 271

Knoblauchöl 272
Gambas in Knoblauchöl 273
Naanbrot 273

Zitronenöl/Orangenöl 274
Avocado-Ei-Aufstrich auf Röstbrot 274
Bohnen-Tomaten-Suppe 275

Chiliöl 276
Pasta alla puttanesca 277
Chili-Marinade 277

Gewürzöl 278
Gewürzreis mit Harissa-Gemüse 279
Orangenkuchen 280

Dank an unsere Partner 282
Register der Rezepte 284
Über die Autorin und das Fototeam 286
Impressum 287

VORWORT

LIEBE LESERIN, LIEBER LESER,

Raps-, Oliven-, Distel-, Lein-, Haselnuss- oder Avocadoöl – und das ist nur ein kleiner Ausschnitt: Die Zeiten, als im Supermarktregal ausschließlich große Flaschen zwei bis drei Sorten raffinierten Öls standen und die Wahl zwischen Sonnenblumen- oder Rapsöl schnell getroffen war, sind lange vorbei. Heute gibt es ein riesiges Ölsortiment und wahrscheinlich haben Sie sich auch schon gefragt: Welches Öl ist denn wofür geeignet? Was ist ein natives Öl und worin liegt der Unterschied zu extra vergine? Besser kalt gepresst oder raffiniert? Welche Öle sind zum Erhitzen geeignet oder wie frittiert man richtig?

Diese und viele weitere Fragen klären wir in diesem Buch. Dabei stellen wir Ihnen die wichtigsten Öle vor, von A wie Albaöl bis Z wie Zitronenöl, sowie zahlreiche neue und eher unbekannte Sorten, darunter echte Raritäten, wie Öl aus Granatapfelkernen oder unseren heimischen Bucheckern. In den Porträts der unterschiedlichen Sorten finden Sie die wesentlichen Fakten dazu und mit einer Sammlung passender Rezepte wird die Wahl des richtigen Öls deutlich leichter.

Zudem habe ich mit einer Bio-Ölmühle aus Niedersachsen, der Ölmühle Solling, und Familie Hamlitsch vom gleichnamigen steirischen Kürbiskernöl über ihre Öle gesprochen. Einen Blick auf die gesundheitlichen Aspekte von Ölen werfen wir gemeinsam mit der Ökotrophologin Inga Pfannebecker (siehe Seite 14).

Last but not least – das Extrakapitel »Würzöle«. Natürlich kann man sie küchenfertig kaufen, doch die beliebten Würzöle lassen sich auch in der heimischen Küche ganz einfach selber herstellen. Die entsprechenden Rezepte dazu runden das Thema ab.

Die Welt der Öle ist spannend und vielfältig. Ich lade Sie mit diesem Buch dazu ein, sie zu entdecken!

Ihre

Susann Kreihe

EINLEITUNG

ALLES IN BUTTER? HEUTE NICHT ... BESSER IN ÖL!

Der große Unterschied – raffiniert, kalt gepresst, nativ

Die Herstellung der verschiedenen Ölsorten entscheidet, ob ein Öl als raffiniert, kalt gepresst oder sogar nativ gilt und unter dieser Bezeichnung im Handel erhältlich ist. Speiseöl wird aus ölhaltigen Pflanzenteilen gewonnen. Das können Saaten (etwa Leinsaat oder Rapssaat), Früchte ölhaltiger Pflanzen (etwa Oliven oder Palmfrüchte) oder Kerne (etwa Sonnenblumen- oder Haselnusskerne) sein. Bei der Pressung sind unterschiedliche Methoden im Einsatz, die über die Qualität, den Geschmack und den Ertrag entscheiden.

Raffiniert
Die Gewinnung der Öle aus den Pflanzenteilen erfolgt zunächst durch Heißpressung. Nach dem Waschen, teilweise Dämpfen oder Rösten und Zerkleinern wird das Öl unter Hitze gepresst. Der Vorteil ist ein höherer Ertrag, da das Öl in höherem Maße aus den Pflanzenteilen gelöst werden kann. Das Öl ist nach der Pressung noch trüb, riecht intensiv, zum Teil unangenehm, und enthält unerwünschte Stoffe. Unter Einsatz von Lösungsmitteln entfernt die anschließende Extraktion, also Reinigung, nicht nur die unerwünschten und unangenehmen Geruchs- und Geschmacksstoffe, sondern schlichtweg alle pflanzentypischen Geschmacksstoffe der Ölsorte. Ein raffiniertes Pflanzenöl ist daher neutral im Geschmack, von heller Farbe und eignet sich für hohe Gartemperaturen, vom Braten bis hin zum Frittieren.

Kalt gepresst
Die Pressung von Saaten, Ölfrüchten oder Kernen erfolgt hierbei ohne Wärmezufuhr. Rein mechanisch werden die Pflanzenteile ausgepresst. Nach dem Waschen und Zerkleinern, zum Teil auch Bedampfen oder Rösten, kommen sie in Schneckenpressen, bei denen das Öl direkt ablaufen kann. Bei diesen Vorgängen wird versucht, die Temperatur so niedrig wie möglich zu halten, doch durch Reibung entsteht automatisch Temperatur. Grundsätzlich sind kalt gepresste Öle intensiver und schmecken nach der Pflanze, aus der sie gewonnen wurden, alle Inhaltstoffe bleiben erhalten. Durch zusätzliches Rösten der Saaten oder Kerne bekommen die Öle intensivere, röstige und nussige Aromen. Der Ertrag bei der Kaltpressung ist deutlich geringer, da die Rückstände immer noch Reste an Öl enthalten. Teilweise können die Rückstände weiterverarbeitet werden, so zum Beispiel Reste von Mandel- oder Kürbiskernöl zu Mandel- oder Kürbiskernmehl.

Nativ
Man spricht bei der Gewinnung von nativen Ölen von Kaltextraktion oder Kaltpressung. Kalt gepresste Öle dürfen aber nur dann als nativ bezeichnet werden, wenn sie während des gesamten Prozesses ausschließlich im Temperaturbereich unterhalb 27 °C lagen. Somit entfällt vorheriges Rösten oder Bedampfen. Zudem darf natives Öl gefiltert werden, ungefiltert bleibt es naturtrüb, was oft bei hochwertigen Olivenölen zu erkennen ist. Durch diesen schonenden Prozess bleiben die Vitamine und mehrfach ungesättigten Fettsäuren erhalten. Natives Öl ist nicht zum Erhitzen geeignet. Zudem sind das aufwendige Herstellungsverfahren, die wertvollen Inhaltsstoffe sowie der hohe Preis gute Gründe, diese Öle möglichst direkt zu verzehren. Beispielsweise in Salaten, kalten Vorspeise oder über fertige Gerichte geträufelt.

WORAN ERKENNE ICH EIN HOCHWERTIGES UND GUTES ÖL?

Anders als etwa beim Wein können Verbraucher nicht auf den ersten Blick erkennen, woher ein Öl stammt. Grundsätzlich jedoch gilt: Hochwertige Öle werden aus ebenso hochwertigen Keimen, Früchten, Saaten, Nüssen oder Kernen gewonnen. Je mehr Informationen auf dem Etikett enthalten sind, umso genauer man die Herkunft der verwendeten Pflanze, die Art der Pressung, die Temperatur der Pressung nachlesen kann, umso eher handelt es sich um ein gutes Speiseöl. Hier ist Transparenz ein wichtiges Mittel, um Vertrauen beim Verbraucher zu schaffen, und die Unternehmen, die eine gute Qualität produzieren, geben das auch gern an ihre Kunden weiter. Ein anderer wichtiger Punkt ist die Lagerung. Denn je mehr ein Öl Licht und Wärme ausgesetzt ist, umso eher kann es verderben. Ölflaschen, die im Schaufenster oder auf dem Markt in der Sonne stehen, sollte man lieber nicht kaufen, sondern dunklen Flaschen in einem eher geschützten Regal den Vorzug geben. Nicht immer möglich, aber am besten ist es, Öle zu verkosten. Mit etwas Glück entdeckt man bei Freunden oder im Restaurant ein besonders gut schmeckendes Öl oder man kann es in einer Ölmühle beziehungsweise einem Feinkostgeschäft testen. Ist dann das richtige dabei, unbedingt den Erzeuger merken, dann kann man darauf immer wieder zurückgreifen.

Was das Aroma betrifft, sollte ein Öl nach dem schmecken, was die Pflanze, aus der es gewonnen wurde, verspricht. Nussöl nach Nüssen, Saatenöl nach den gepressten Saaten und so weiter. Fehlnoten, ranzige oder bittere Töne, Terpentingeruch und beißende Aromen gehören in kein Öl. Diese unerwünschten Noten können bereits durch minderwertige Saat ins Öl kommen, aber auch bei Pressvorgang, Abfüllung oder Lagerung ins Öl gelangen.

Raffinierte Öle sind deutlich günstiger als kalt gepresste oder native. Das liegt an der modernen und sehr effizienten Pressung. Raffinierte Pflanzenöle geben leider wenig über ihre Herkunft preis. Hier liest man entweder die Sorte, beispielsweise »Raps« oder »Sonnenblume«. Es kann auch der Verwendungszweck angegeben werden, dann ist auf dem Etikett »Bratöl«, »Backöl« oder »Salatöl« zu lesen. In der Zutatenliste erscheinen dann die verwendeten Öle, da es sich meist um Mischungen handelt.

Bei hochwertigen Ölen, die kalt gepresst oder nativ sind, steht eine dieser beiden Bezeichnungen immer auf dem Etikett. Fehlt diese Angabe, handelt es sich um ein raffiniertes Speise- beziehungsweise Pflanzenöl.

OLIVENÖL – EIN (SCHÖNES) KAPITEL FÜR SICH

Olivenöl ist aus unserer heimischen Küche nicht mehr wegzudenken, auch wenn es zum Beispiel Rapsöl in höchster Qualität aus Deutschland gibt. Sei es die Erinnerung an den Urlaub oder das Gefühl, das uns mit der mediterranen Esskultur verbindet: Olivenöle sind einfach ein wertvoller Schatz in der Küche. Denn ihre Vielfalt bringt mit jeder Flasche andere Aromen, Fruchtnoten, grasige und leicht bittere Töne ins Essen. Olivenöl ist daher eines meiner liebsten Öle in unserer Küche.

Aber gerade bei Olivenöl scheiden sich die Geister und es ranken sich zahlreiche Mythen rund um das Thema. Da kommen Bezeichnungen wie »nativ«, »nativ extra«, »extra vergine« auf. Und soll ich lieber eines aus Italien, Spanien oder Griechenland kaufen? Marokko, die Türkei oder Kalifornien liefern doch ebenso wunderbare Öle. Ist Olivenöl zum Braten geeignet, die Italiener tun das ja auch, oder eher nicht? Viele Fragen – hier kommt die Auflösung!

Die Herstellung

Kalt gepresstes Olivenöl wird in modernen Ölpressen besonders schonend gewonnen, da der Vorgang unter Sauerstoffausschluss vollzogen und damit die Oxidation des Öls weitestgehend verhindert wird. Zudem kann in solchen Kreisläufen die Temperatur sehr gut kontrolliert werden.

Zur Vorbereitung für die Ölpressen werden die Oliven nach der Ernte in einem Gebläse von Blättern, Steinen und Zweigen getrennt. Die Oliven müssen für ein hochwertiges Öl einwandfrei sein, unbeschädigt und von bester Qualität. Je besser das Ausgangsprodukt, umso hochwertiger das Öl. Anschließend werden die Oliven gewaschen und in einer Hammermühle samt Kernen zerkleinert. Der dabei entstandene Brei wird »malaxiert«, so nennt man das weitere Zerkleinern des Breis, bis ein feines Mus entstanden ist. Eine Zentrifuge trennt dann die Emulsion aus Fruchtwasser und Öl, übrig bleibt der Trester. Vor der Abfüllung trennt man das Öl vom Fruchtwasser, das reine Olivenöl wird danach in Flaschen gefüllt.

Im Gegensatz dazu verwenden herkömmliche Verfahren Walzen, um die Oliven zu zerkleinern. Im Anschluss presst man die auf Pressmatten verteilte Olivenmischung aus. Hierbei entsteht zum einen beim Walzen Hitze, zum anderen ist der Ölbrei beim Pressen längere Zeit mit Sauerstoff in Kontakt. Beides kann zu Qualitätsverlusten führen. Kleinere Olivenbauern legen dennoch sehr viel Wert auf qualitativ hochwertiges Olivenöl, sind mit viel Handarbeit am Werk und schauen nicht zuletzt vor allem bei der Ernte genau nach Reifegrad und Unversehrtheit der Oliven.

Die Bezeichnungen auf der Flasche

Olivenöl wird in Güteklassen eingeteilt, die beiden bei uns erhältlichen sind zum einen das kalt gepresste »native Olivenöl«, zum anderen das »native Olivenöl extra« (im Italienischen »extra vergine«). »Nativ extra« (oder auch »extra vergine«) steht für die höchste Qualität, bei der nur ausgesuchte, gesunde, reife Oliven eingesetzt werden, das Öl weist keine geschmacklichen Fehler auf und hat ein fruchtiges Aroma.

Leider werden bei Testungen immer wieder Olivenöle entlarvt, bei denen fehlerhafte beziehungsweise minderwertige Olivenöle mit einem Teil hochwertigem Olivenöl nativ extra gemischt werden. Diese sind dann im Handel trotz allem als »nativ extra« deklariert.

Um ein wirklich gutes Olivenöl zu finden, können Sie folgende Merkmale durchgehen: Ein solches Öl liegt deutlich im oberen Preissegment. Beim Verkosten erkennt man sofort, ob das Öl einen fehlerhaften Geschmack hat, ranzig oder modrig riecht oder schmeckt. Von dezenten Bitternoten sollte man sich nicht abschrecken lassen, sie sind bei jungen Oliven sortentypisch. Zudem sind die Angaben auf der Flasche interessant. Hier ist es wie immer: Dem Hersteller, der viel von sich preisgibt, kann man eher vertrauen, als wenn nur die allernötigsten Informationen zu finden sind. Standardmäßig lesen Sie auf dem Etikett »natives Olivenöl« oder »natives Olivenöl extra« und außerdem sollte eine Information zur mechanischen Pressung zu finden sein. Wenn dann noch die Olivensorte und deren Herkunft genannt werden, ist das positiv zu bewerten. Und: Ein günstiges Produkt ist zwar nicht unbedingt sortenrein, geschmacklich kann es aber dennoch gut sein.

Steht auf der Flasche lediglich »Olivenöl«, handelt es sich um eine Mischung aus raffiniertem und nativem Olivenöl, es kann aus verschiedenen Ländern und Sorten gepresst sein. Ausschließlich raffiniertes Olivenöl darf in der EU nicht verkauft werden.

Die Verwendung

Warum in der italienischen Küche fast ausschließlich Olivenöl verwendet wird, von Insalata Caprese bis hin zu Involtini? Das liegt schlicht und einfach an der Tatsache, dass einfachere Olivenöle, also eine Mischung aus raffinierten und nativen Olivenölen, Temperaturen bis rund 120 °C vertragen. Gart man also im mittleren Temperaturbereich, wie in Italien üblich, ist das durchaus erlaubt. Kalte Speisen aber werden immer mit hochwertigen nativen Olivenölen oder der Qualitätsstufe »nativ extra« zubereitet. Es lohnt sich also, verschiedene Qualitäten zu Hause zu haben.

Wie finde ich ein Olivenöl, das mir schmeckt?

Wie bereits erwähnt, sind – anders als beim Wein – die Erzeuger von Olivenöl leider nicht verpflichtet, diesbezüglich informative Fakten auf die Flaschen zu schreiben. So bleibt uns als Verbraucher nur die Verkostung. Das geht im Supermarkt natürlich nicht, also muss man sich nach dem Einkauf zu Hause nach und nach flaschenweise durchprobieren. Allerdings sind in Feinkost- oder Bioläden durchaus Verkostungen üblich und dort erfährt man dann auch weitaus mehr über das jeweilige Öl, die Olivensorte und den Erzeuger. Junge, eher unreif geerntete Oliven bringen grasige, fruchtige Öle mit deutlich bitteren Noten hervor. Je reifer die Oliven bei der Ernte waren, umso milder und ausgewogener sind sie im Geschmack. Beide Varianten, ob grasig-bitter oder fruchtig-mild, haben in der Küche ihre Berechtigung.

HALTBARKEIT UND LAGERUNG VON PFLANZENÖL

Ob Öl noch gut ist, kann man ganz leicht schmecken und riechen. Ist es ranzig, muss es weg. Dieser Prozess des Ranzigwerdens entsteht durch Kontakt des Öls mit Sauerstoff. Bei der Oxidation werden die enthaltenen ungesättigten Fettsäuren, die Öle für uns so wertvoll machen, in kurzkettige Fettsäuren abgebaut. Da der unangenehme Geschmack des Öls selbst beim Erhitzen nicht verschwindet, hilft leider nur wegwerfen. Ein Tipp: Nnur mit der Nase prüfen reicht nicht aus, da die oberste Ölschicht in der Flasche, die mit Sauerstoff reagiert, schon ranzig riechen, das Öl darunter aber noch brauchbar sein kann. Daher besser die Flasche vorher leicht schwenken, damit sich das Öl mischt, und einige Tropen auf der Zunge testen. Durch zu viel Schütteln kommt wiederum viel Sauerstoff ins Öl, daher besser nur leicht schwenken.

Um dem Ranzigwerden vorzubeugen, sollte Öl nur in maßvollen Mengen gekauft, zudem dunkel, kühl und trocken gelagert werden. Also besser nicht in den Vorratsschrank über dem Herd stellen. Dunkelgrüne oder -braune Glasflaschen sind immer vorzuziehen, denn das dunkle Glas schützt zusätzlich. Das Mindesthaltbarkeitsdatum bezieht sich auf die verschlossene Flasche, nach Anbruch also immer zügig verbrauchen. Raffinierte Öle sind deutlich länger haltbar als kalt gepresste, native Ölsorten, da sie weniger der leicht verderblichen ungesättigten Fettsäuren enthalten.

Native Öle sind zum Glück oft in kleinen Abpackungen erhältlich, das erleichtert das rasche Verbrauchen und man kann öfter eine neue Sorte ausprobieren.

Sind dann doch Reste ranzig geworden, können Sie Kleinstmengen, auslaufsicher verpackt, im Restmüll entsorgen. Größere Mengen, die etwa beim Frittieren anfallen, nimmt der Recyclinghof der jeweiligen Gemeinde an.

Dieses Buch widmet sich ganz dem Genuss der verschiedenen Ölsorten, wie sie in der Küche verwendet werden, und zu welcher Zubereitung sie besonders gut passen. Dennoch lohnt sich ein Blick auf die gesundheitlichen Aspekte von Fetten in unserer Nahrung, und worauf man bei seiner Ernährung achten sollte.

INTERVIEW MIT DER ÖKOTROPHOLOGIN INGA PFANNEBECKER

Warum ist Fett für unseren Körper so wichtig?

Der oftmals schlechte Ruf von Fett ist tatsächlich ungerechtfertigt. Denn Fett ist nicht nur ein effektiver Energielieferant, sondern hat vielfältige Aufgaben in unserem Körper. Es ist wichtig für die Aufnahme der fettlöslichen Vitamine A, D, E, K, dient den Körperzellen als Baustoff, ist Wärmeschutz, Polster und Energiespeicher und spielt eine Rolle für die Bildung von Hormonen. Fett im Essen sorgt für ein gutes Sättigungsgefühl und unterstüzt als Geschmacksträger das Aroma der Speisen. Ungesättigte Fettsäuren wirken zudem Mikro-Entzündungen im Körper entgegen, halten den Fettstoffwechsel in Balance und können dadurch vor Herz-Kreislauf-Erkrankungen schützen. Die mehrfach ungesättigten Fettsäuren unterstützen außerdem die Hirnentwicklung und -funktion und können auch Einfluss auf unser seelisches Wohlbefinden haben.

Gibt es gute und schlechte Fette?

Ganz so pauschal, wie es noch vor einigen Jahren gang und gäbe war, lassen sich Fette nicht in Gut und Böse einteilen. Vielmehr kommt es darauf an, in welchem Verhältnis wir die unterschiedlichen Fettvarianten zu uns nehmen. Generell sollten einfach und mehrfach ungesättigte Fette, die vor allem in pflanzlichen Lebensmitteln vorkommen, in der Ernährung überwiegen und dafür die gesättigten Fette, die vor allem in tierischen Produkten enthalten sind, nur in Maßen aufgenommen werden.

Was sind essenzielle Fettsäuren?

Das sind mehrfach ungesättigte Fettsäuren, die unser Körper nicht selbst herstellen kann und die wir deshalb von außen, mit der Nahrung oder durch Nahrungsergänzungsmittel, zu uns nehmen müssen. Bedeutend für unsere Gesundheit sind vor allem die essentiellen Omega-3- und Omega-6-Fettsäuren.

Was ist der Unterschied zwischen gesättigten und ungesättigten Fettsäuern, einfach bzw. mehrfach ungesättigten Fettsäuren?

Die unterschiedlichen Fettarten unterscheiden sich in der Struktur ihrer Fettsäureketten. Während gesättigte Fettsäuren keine Doppelbindungen zwischen den Kohlenstoffatomen aufweisen, enthalten einfach ungesättigte Fettsäuren eine Doppelbindung und mehrfach ungesättigte Fettsäuren mehrere Doppelbindungen in ihren Fettsäureketten. Das hat Auswirkungen auf die Eigenschaften der Fette. Gesättigte Fette sind chemisch stabil – verändern sich durch äußere Einwirkungen wie Hitze oder Sauerstoff also nicht schnell –, und bei Raumtemperatur fest. Unser Körper kann sie im Rahmen des Stoffwechsels selbst herstellen, sie sind also nicht essentiell und müssen nicht unbedingt über die Nahrung aufgenommen werden. Einfach ungesättigte Fettsäuren sind chemisch relativ stabil, bei Raumtemperatur flüssig und ebenfalls nicht essentiell. Mehrfach ungesättigte Fettsäuren sind chemisch instabil, bei Raumtemperatur flüssig und hitze- sowie lichtempfindlich. Unser Körper kann sie nicht selbst herstellen, das heißt, sie sind essentiell und die Aufnahme über die Nahrung ist lebenswichtig. Omega-Fettsäuren gehören zu den mehrfach ungesättigten Fettsäuren, die eine wichtige Rolle für unsere Gesundheit spielen.

Was sind Transfettsäuren und warum sollte man sie meiden?

Transfette sind ungesättigte Fettsäuren, die vor allem dann entstehen, wenn Pflanzenöl industriell gehärtet wird. Dabei wird aus flüssigem Öl schmierfähiges Fett. Transfette stecken deshalb vor allem in industriell stark verarbeiteten Lebensmitteln wie Fast Food, Fertiggerichten, Backwaren aus dem Supermarkt, Snacks wie etwa Chips, Süßwaren wie zum Beispiel Keksen sowie in manchen Margarinesorten. In Zutatenlisten sind sie als »gehärtete Fette« oder »teilweise gehärtete Fette« aufgeführt. Transfette können aber auch zu Hause beim Kochen entstehen, nämlich dann, wenn Pflanzenöle zu stark erhitzt werden. Deshalb sollte man zum Frittieren oder Braten nur geeignete, also hoch erhitzbare Öle verwenden. Transfette tun uns nicht gut, da sie den Gehalt des »schlechten« Cholesterins (LDL) im Blut erhöhen. Das kann zu Ablagerungen in den Blutgefäßen führen, was wiederum das Risiko für Herz-Kreislauf-Erkrankungen wie Herzinfarkt oder Schlaganfall erhöhen kann.

In diesem Buch geht es auch um die Vielfalt an pflanzlichen Ölen. Welche pflanzlichen Öle sollte man in seine Ernährung unbedingt einbauen und warum?

Olivenöl ist reich an einfach ungesättigten Fettsäuren, besonders an Ölsäure, und zeigt in vielen Studien einen schützenden Effekt auf das Herz und die Blutgefäße. Natives Olivenöl punktet außerdem mit sekundären Pflanzenstoffen, die unsere Zellen vor schädlichen Stoffen schützen.

Rapsöl enthält im Vergleich zu anderen Ölen am wenigsten gesättigte Fettsäuren und ist reich an einfach ungesättigten Fettsäuren sowie essentiellen Omega-3-Fettsäuren. Es weist ein besonders günstiges Verhältnis von Omega-3- zu Omega-6-Fettsäuren auf. Dazu enthält es auch viel Vitamin E. Pluspunkt ist außerdem seine Klimabilanz – da es häufig regional hergestellt wird, fällt die besser aus als bei anderen Ölen mit längeren Transportwegen wie beispielsweise Oliven- oder Kokosöl.

Leinöl ist eine der besten pflanzlichen Quellen für die essentiellen Omega-3-Fettsäuren, die unter anderem antientzündlich wirken.

Wir ernähren uns ja oftmals zu fettreich. Sind hochwertige pflanzliche Öle davon ausgenommen, da sie durch ihre Fettzusammensetzung als »gut« gelten?

In der Tat kommt es für die Gesundheit vor allem auf die Fettqualität an und weniger auf die Menge. Fett liefert jedoch pro Gramm 9 kcal, fast doppelt so viel wie ein Gramm Kohlenhydrate oder Eiweiß. Je fettreicher wir essen, desto schneller nehmen wir also (zu) viele Kalorien auf – egal, um welches Fett es sich handelt. Um die gesunden Effekte von hochwertigen ungesättigten Fetten zu nutzen, und trotzdem nicht zu viel Energie aufzunehmen, ergibt es deshalb Sinn, fettgesunde Lebensmittel wie Pflanzenöle, aber auch Nüsse, Kerne, Saaten, Avocado, Oliven und fettreiche Seefische, zu bevorzugen und dafür bei den weniger gesunden gesättigten Fetten aus tierischen Produkten wie Fleisch, Wurst und Milchprodukten sowie bei Transfetten aus hochverarbeiteten Produkten zu sparen.

Zuletzt noch eine persönliche Frage: Welches ist Ihr Lieblingsöl in der Küche?

Um Gerichten einen Extra-Aromakick zu geben, liebe ich Öle, die ein nussiges Aroma haben wie zum Beispiel Walnussöl, Leinöl oder das dunkelgrüne Kürbiskernöl. Das sind echte Geschmacksbooster, die sich fast wie Gewürze einsetzen lassen. Ein paar Tropfen davon über einen Salat, ein Nudelgericht oder ein Carpaccio sind für mich das Tüpfelchen auf dem i.

Vielen Dank!

PFLANZENÖLE IN DER KALTEN KÜCHE

Für kalte Zubereitungen stehen raffinierte sowie kalt gepresste, native Öle zur Verfügung. Welches wofür geeignet ist, darüber entscheiden die Art der Zubereitung und die gewünschten Aromen.

Kalte Saucen, Mayonnaise und Co.

Für kalte Saucen, etwa Mayonnaisen und deren Abwandlungen, bietet sich ein raffiniertes Öl an, wenn kein zusätzliches Aroma gewünscht ist. Ein solches Öl ist geschmacksneutral und die Aromen der fertigen Speise werden nicht überlagert. Zudem kann man der zubereiteten Mayonnaise weitere Geschmackskomponenten zufügen, wie Kräuter, Gewürze oder Würzsaucen.

Einer frisch zubereiteten Mayonnaise aus raffiniertem Öl kann außerdem mit einer kleinen Menge kalt gepresstem Öl eine raffinierte Note verliehen werden. Dafür sollten die kalt gepressten Sorten besonders intensiv schmecken, ideal sind geröstete Nussöle oder für eine asiatische Variante geröstetes Sesamöl.

Dressings

Salatdressings mit raffinierten Ölen zubereitet, sind dezent im Eigengeschmack und können durch den verwendeten Essig, Zitronen- oder Orangensaft ein besonderes Aroma erhalten. Aber sie können auch mit gehackten Kräutern, Zwiebeln, Schalotten oder Knoblauch verfeinert werden. Vor allem Rohkostsalate und Salate mit einem intensiven Topping serviert man mit solch einem Dressing. Für Blattsalate gilt: Je intensiver der Eigengeschmack des Salates, umso intensiver darf das Öl sein. Feldsalat harmoniert bestens mit gerösteten Nussölen, Kürbiskernöl und kalt gepresstem Raps- oder Distelöl. Bittersalate, wie Radicchio, Chicorée oder Endivie, vertragen kräftige Öle. Stimmige Dressings für Kopf-, Eisberg- oder Eichblattsalat bereite ich mit Rapskernöl oder nativem Olivenöl zu.

Ein Dressing lässt sich auch mit zwei Drittel raffiniertem Öl und einem Drittel nativen Öl anrühren, das ergibt einen milden, homogenen Geschmack.

Da sich Öl immer vom Wasser trennt, kann sich jede noch so gut gerührte Salatsauce wieder trennen. Geschmacklich bringt das keine Einbußen. Aber wenn Sie das Dressing in ein Schraubglas geben, lässt es sich darin nicht nur gut aufbewahren, sondern auch immer wieder homogen schütteln.

Pestos

Das klassische Pesto Genovese wird mit einem nativen, kalt gepressten Olivenöl zubereitet. Bei vielen Varianten des Pestos ist ebenfalls Olivenöl die erste Wahl, da es mit seinen fruchtigen Komponenten sehr gut zu jeglichen Kräutern passt. Da Olivenöl vor allem beim Mixen Bitternoten entwickeln kann, mixe ich Pestos oft mit einem kleineren Anteil an raffiniertem Pflanzenöl, einfach um die Kräuter zu zerkleinern. Dann kommen die übrigen Zutaten, wie Nüsse oder Parmesan, hinzu. Zuletzt verfeinert ein guter Schuss hochwertiges natives Olivenöl die Kräuterpaste. So umgeht man die bitteren Stoffe und erhält gleichzeitig sowohl die Aromen des Olivenöls als auch dessen gute Inhaltsstoffe.

Neben Olivenöl lohnt es sich auch, einmal mit anderen intensiv schmeckenden Ölen zu experimentieren. Dafür zunächst die Kräuter mit einem neutralen Pflanzenöl zerkleinern, das kalt gepresste Öl als Geschmacksgeber zufügen, bis Intensität und Konsistenz stimmig sind.

Nachspeisen und Desserts

In kalten Zubereitungen von Nachspeisen kommen Öle eher selten zum Einsatz. Meist werden sie zum Backen, Frittieren oder Garen verwendet. Dennoch ist ein Löffel aromatisches Nuss-, Kern- oder Saatenöl eine raffinierte und schnelle Variante, einem Dessert den letzten Schliff zu verleihen. Eine Quarkmousse etwa mit 1–2 EL Mandel-, Macadamia- oder Arganöl verfeinert, erhält ein zartes Nussaroma. Zu Schokoladendesserts passen geröstete, intensive Nussöle, Vanillearomen vertragen sich hervorragend mit Kürbiskernöl oder dem an Marzipan erinnernden Aprikosen- oder Pflaumenkernöl.

Zum Verfeinern

Einige Tropfen eines kalt gepressten Öls mit einem milden oder intensiven Geschmack sind ideal, um einem Gericht den letzten Schliff zu geben. Optisch wirken einige Spritzer Öl »erfrischend« und geschmacklich runden sie die Speise ab.

PFLANZENÖL IN DER WARMEN KÜCHE

Ganz entscheidend für die Wahl des Öls (ob raffiniert oder kalt gepresst) ist die Art der Zubereitung. Im niedrigen bis mittleren Temperaturbereich, etwa Dünsten, mildes Anbraten, Köcheln, können auch einige kalt gepresste Öle verwendet werden. Dazu zählen Avocadoöl, Kokosöl, Mandelöl, Palmöl, Sesamöl, Traubenkernöl und Weizenkeimöl. Zum hohen Erhitzen, Braten und Frittieren ist raffiniertes Pflanzenöl ideal. Durch die Temperatur beim Braten in der Pfanne entwickelt es sich von einem neutral riechenden Lebensmittel in Verbindung mit Hitze und dem Gargut zu einem intensiven Bratenaroma. Die Maillard-Reaktion sorgt dafür, dass ein Lebensmittel bräunt, Stärken und Zucker karamellisieren und eine Kruste bilden. Fette sind zudem gute Aromaträger, sie nehmen diese aus den zugegebenen Kräutern, Flüssigkeiten oder Gewürzen auf.

Der Rauchpunkt ist der Punkt, an dem aus dem Öl bei einer bestimmten Temperatur Dampf aufsteigt. Damit ist nicht der beißende Rauch gemeint, der entsteht, wenn Öl kurz vor dem Entflammen steht und kräftig im Hals und in den Augen beißt.

An dieser Stelle muss erwähnt werden, dass Öl beim Braten niemals so stark erhitzt werden sollte, dass beißender Rauch aufsteigt, der in Augen, Hals oder Nase ein unangenehmes Kratzen verursacht. Bei solch hohen Temperaturen entsteht Acrolein, das Öl ist nicht mehr genießbar, ebenso wenig die darin gegarten Lebensmittel. Meine Empfehlung dahingehend: immer wieder die Temperatur beim Garen anpassen. Geduld ist ein gutes Gebot in der Küche, das Aufheizen dauert einfach seine Zeit und mit mehr Hitze erzielt man nicht unbedingt den gewünschten Effekt.

Richtig braten

Bei Braten sind Temperaturen um 120–140 °C ausreichend, um eine schöne Bräunung und Röstaromen zu erzielen. Oftmals wird bei zu hohen Temperaturen gebraten, was dazu führt, dass das Lebensmittel zu schnell braun oder schwarz wird, bevor es durchgegart ist. Die Italiener sind hier ein gutes Vorbild: Sie garen ja fast ausschließlich in kalt gepresstem Olivenöl, allerdings nur bei rund 120 °C. Zum einen ist Olivenöl durch seine Fettzusammensetzung für höhere Temperaturen gut geeignet, zum anderen brät man hier längere Zeit bei geringerer Hitze. Das schont das Öl und das Lebensmittel, das Ergebnis ist gleich gut.

Richtig frittieren

Frittiertes sollte nicht über 170 °C gegart werden, besser zwischen 160–170 °C, das ist mit einem Thermometer gut zu kontrollieren. Dieser Gradbereich führt zu einem optimalen Frittierergebnis mit knuspriger Kruste und durchgegartem Lebensmittel.

Zudem ist wichtig, dass nur portionsweise gegart wird. Das Frittiergut sollte gut schwimmen können. Das Fett kühlt durch die Zugabe von zu viel Frittiergut rasch ab. So saugt sich das Lebensmittel mit Fett voll, bevor es eine Kruste gebildet hat. Diese entsteht übrigens sehr gut, wenn ungehindert heißes Öl rundum an die zu frittierende Speise gelangen kann. Seien Sie also bitte nicht zu sparsam mit dem Öl für das Fettbad.

Ob Sie in einer Fritteuse oder einem Topf frittieren, ist Geschmackssache. Der Vorgang an sich bleibt gleich. Eine Fritteuse lohnt sich dann, wenn öfter Speisen im Fett ausgebacken werden, denn in dem Behälter kann das Öl für einige Zeit aufbewahrt werden, per Temperaturanzeige sind genaue Einstellungen sehr einfach. Nicht zuletzt besitzen Fritteusen einen Filter, der den Fettnebel auffängt und den typischen Frittiergeruch in der Küche unterbindet. Heißluftfritteusen kommen mit weitaus weniger Fett aus. Laut Hersteller reicht 1 EL pro Füllung. Die heiße Umluft und ein sich drehendes Element »brät« das Lebensmittel rundum kross und knusprig. Eine fettsparende Alternative in Zeiten von Nachhaltigkeit und bewusster Ernährung! Im Topf funktioniert das Frittieren genauso, es ist jedoch mehr Vorsicht geboten, da die Verbrennungsgefahr durch das heiße Fett im offenen Topf höher ist. Mit einer Schaumkelle oder einem integrierten Sieb lässt sich das Frittiergut aber leicht abtropfen. Übriges Frittieröl kann in den folgenden Tagen erneut zum Frittieren verwendet werden. Zu oft erhitzt, entwickelt das Öl jedoch einen unangenehmen Geschmack, der sich auch auf das Gargut überträgt.

HALTBARKEIT VON ÖLEN

Die Angabe auf dem Etikett zeigt an, welche Haltbarkeit für das Öl ab Abfüllung vom Hersteller vorgesehen ist. In dieser Zeitspanne behält das Öl seine spezifischen Eigenschaften, wie Geschmack, Farbe oder Konsistenz, solange es unter den dafür vorgesehenen Bedingungen gelagert wird. Bei Speiseölen ist das ein kühler trockener Ort, vor Licht geschützt. Ist die Flasche einmal geöffnet, sollten die Öle alsbald verbraucht werden.

Raffinierte Öle

Ganz allgemein formuliert, lassen sich raffinierte Pflanzenöle sehr viel länger aufbewahren, da sie beim Raffinieren »gereinigt« werden. Damit sind diejenigen Bestandteile, die zum raschen Verderben führen können, entfernt. Ein geöffnetes raffiniertes Öl kann 2–3 Wochen oder länger weiter verwendet werden. Hierbei hilft eine Geschmacks- und Geruchsprobe, um festzustellen, ob das Öl noch gut ist.

Kalt gepresste, native Öle

Kalt gepresste beziehungsweise native Öl sind grundsätzlich, auch in der nicht angebrochenen Flasche, weniger lange haltbar als die raffinierten. Bereits geöffnet, empfiehlt sich die Lagerung im Kühlschrank, zudem sollten die Öle dann alsbald, innerhalb 1–2 Wochen, aufgebraucht werden. Leinöl ist die große Ausnahme unter den kalt gepressten Ölen, da es ab Pressung maximal 6–8 Wochen genießbar bleibt, bis es einen bitteren und ranzigen Geschmack entwickelt. Manche Öle entwickeln bereits 1 Woche nach Anbruch unangenehme Noten. Meine persönliche Empfehlung: am besten die kleinste Abpackung kaufen, im Kühlschrank lagern und täglich oder mehrmals pro Woche 1 TL im Müsli, Smoothie oder Salat verwenden.

ÖLE
&

REZ
EPTE

ALBAÖL

SORTE

Rapsölzubereitung aus raffiniertem Rapsöl mit zugesetztem Butteraroma, stammt ursprünglich aus Schweden, auch als Mischung mit Lein- oder Olivenölen erhältlich

QUALITÄT

Raffiniert, hitzebeständig, hellgelb, dünnflüssig, riecht und schmeckt deutlich nach Butter

VERWENDUNG

- Warm/heiß: für Braten, Schmoren, Grillen, Dünsten, Backen, Kochen
- Kalt: für Dips, Salatdressing, Aufstriche, Marinaden
- Albaöl kann als Butterersatz verwendet werden, daher passt es perfekt für Zubereitungen, in denen das Butteraroma eine wichtige Rolle spielt.
- Eine weitere Sorte ist im Handel erhältlich: Albaöl mit Olivenöl gemischt. Es besitzt die typischen Butteraromen und zusätzlich die fruchtigen Olivenölaromen. Es kann ebenso eingesetzt werden wie das reine Albaöl.
- Außerdem gibt es noch Albaöl mit Leinöl, auch unter der Bezeichnung Albaöl HC, das laut Hersteller durch die Mischung mit Leinöl einen höheren Anteil an ungesättigten Fettsäuren enthält. Es ist vorzugsweise für Salat, kalte Zubereitungen wie Dips und Aufstriche sowie zum Beträufeln von Suppen oder Fischgerichten ideal.

RAUCHPUNKT

Etwa 210 °C

KÄSEKUCHEN MIT ALBAÖL

Für 12 Stücke | 1 Springform (24 cm ø)
Zubereitungszeit 30 Minuten
Backzeit 1 Stunde

ZUTATEN

FÜR DEN BODEN

250 g Weizenmehl Type 405 plus mehr zum Bearbeiten

Salz

160 g Butter, gewürfelt, plus mehr für die Form

80 g Zucker

1 Eigelb (Gr. S)

FÜR DIE FÜLLUNG

1 unbehandelte Zitrone

½ unbehandelte Orange

1 kg Magerquark

1 Prise Salz

150 g Zucker

50 g Speisestärke

4 Eier

500 ml Milch

200 ml Albaöl

ZUBEREITUNG

Für den Boden das Mehl mit 1 Prise Salz, Butter, Zucker und Eigelb mit den Händen oder in der Küchenmaschine rasch zu einem Teig zusammenkneten. Den Mürbeteig abgedeckt 20 Minuten kalt stellen.

Für die Füllung die Zitrone und Orange heiß waschen, gründlich trockentupfen und die Schale beider Früchte fein abreiben. Den Saft auspressen. Alle übrigen Zutaten für die Füllung mit dem Zitrusabrieb sowie dem -saft in einer großen Schüssel glatt rühren.

Die Springform mit Butter einfetten oder den Boden mit Backpapier bespannen und den Rand einfetten. Den Backofen auf 170 °C Ober-/Unterhitze vorheizen. Den Mürbeteig auf der leicht bemehlten Arbeitsfläche etwas größer als die Form ausrollen und in die Springform legen. Die Ränder an den Seiten anlegen, überstehende Reste nach innen klappen und andrücken. Die Füllung auf den Teigboden geben und gleichmäßig in der Form verteilen.

Den Kuchen im vorgeheizten Backofen 50–60 Minuten backen. Anschließend abkühlen lassen, aus der Form lösen, in Stücke schneiden und servieren.

WIENER SCHNITZEL MIT ALBAÖL

Für 4 Personen
Zubereitungszeit 20 Minuten
Garzeit 20 Minuten

ZUTATEN

4 Kalbsschnitzel (à 100–120 g; aus der Nuss oder Oberschale)
Salz
2 Eier
3 EL süße Sahne
4–5 EL Weizenmehl Type 405
etwa 150 g Semmelbrösel
200 ml Albaöl

ZUM SERVIEREN

1 unbehandelte Zitrone
4 Sardellenfilets
4 Kapernäpfel (alternativ kleine Kapern)
1 Stängel Petersilie

ZUBEREITUNG

Die Kalbsschnitzel trockentupfen und auf dem Schneidbrett plattieren. Anschließend von beiden Seiten salzen. Die Eier mit der Sahne und 1 Prise Salz in einer breiten, flachen Schale verquirlen. Mehl und Semmelbrösel in zwei weiteren breiten Schalen bereitstellen. Die Schnitzel zunächst in Mehl wenden, abklopfen und durch die verquirlten Eier ziehen. Zuletzt in den Semmelbröseln mehrfach wenden, bis das Fleisch rundum gut damit bedeckt ist, ohne die Panade anzudrücken. Alle Schnitzel wie beschrieben panieren.

Das Albaöl in einer breiten, tiefen Pfanne erhitzen. Die Schnitzel darin zunächst von einer Seite goldbraun braten, anschließend wenden und weiter braten; dabei die Pfanne schwenken, damit das Öl gleichmäßig über die Schnitzel laufen kann. So soufliert die Panade in dicken Wellen. Dann die Schnitzel aus dem heißen Öl heben, abtropfen lassen und anrichten.

Zum Servieren für die Garnitur die Zitrone in dicke Scheiben schneiden. Jeweils eine Sardelle einschlingen, eine Kaper in die Mitte legen und zusammen mit einem abgezupften Blatt Petersilie auf der Zitronenscheibe platzieren. Die Garnitur zum Wiener Schnitzel reichen.

TIPP

Dazu passen eine Sauce Hollandaise (siehe Seite 28) und in Butter geschwenkte Kartoffeln.

SAUCE HOLLANDAISE MIT ALBAÖL

Für 4 Personen
Zubereitungszeit 30 Minuten

ZUTATEN

1 Schalotte

50 ml Weißweinessig

5 weiße oder schwarze Pfefferkörner, angestoßen

1 Lorbeerblatt

3 Eigelb

200 ml Albaöl

½ Zitrone

Salz

frisch gemahlener weißer Pfeffer

Cayennepfeffer

ZUBEREITUNG

Die Schalotte abziehen und klein schneiden. Den Weißweinessig mit 50 ml Wasser, der Schalotte, den angestoßenen Pfefferkörnern und dem Lorbeer in einem kleinen Topf aufkochen. Bei mittlerer Temperatur 3–4 Minuten zur Hälfte einkochen.

Danach den Sud durch ein Sieb in eine Rührschüssel abseihen. Das Eigelb unterrühren. Die Mischung über einem heißen Wasserbad dickschaumig und cremig aufschlagen, dabei auf etwa 70 °C erhitzen. Dann das Wasserbad mit der Rührschüssel vom Herd nehmen. Das Öl in einem dünnen Strahl in den Eischaum laufen lassen und stetig unterschlagen. Zuletzt die Hollandaise mit einem Spritzer Saft der Zitrone, Salz, Pfeffer und Cayennepfeffer würzig abschmecken.

Die Hollandaise kann für kurze Zeit auf der Resthitze des Wasserbads warm gehalten werden, anschließend zügig servieren.

APRIKOSENKERNÖL

SORTE

Ausschließlich kalt gepresstes Öl, gewonnen aus den Mandeln, die sich im Stein der vollreifen Aprikosen befinden, nicht raffiniert

QUALITÄT

Riecht und schmeckt leicht nach Mandeln, leichte Marzipannote, erinnert an Mandellikör, hellgelbe Farbe, ausschließlich kalt gepresst

VERWENDUNG

Ausschließlich kalt: für Süßspeisen, Desserts, Dips, Salatdressing, Aufstriche und zum Beträufeln von zubereiteten Speisen

KÜRBISSALAT MIT ORANGEN UND PINIENKERNEN

Für 4 Personen
Zubereitungszeit 25 Minuten
Garzeit 5 Minuten

ZUTATEN

1 Butternutkürbis

Salz

2 EL Pinienkerne (alternativ Mandelstifte)

3 Orangen (1 davon unbehandelt)

1 EL Rohrohrzucker

1 Schalotte

1 TL körniger Senf

2 EL Aprikosenkernöl

frisch gemahlener schwarzer Pfeffer

2 Schalen Shiso-Kresse (Sorte nach Wahl)

ZUBEREITUNG

Den Kürbis waschen, schälen, entkernen und mit einem Sparschäler mit Julienneaufsatz in dünne Streifen schneiden. Den Kürbis mit 2 Prisen Salz in einer Schüssel gründlich vermengen und beiseitestellen.

Die Pinienkerne in einer Pfanne ohne Fettzugabe anrösten, umfüllen und abkühlen lassen.

Die unbehandelte Orange heiß waschen, trockenreiben, zwei breite Schalenstreifen abziehen und diese fein schneiden. Den Saft dieser und einer weiteren Orange auspressen und mit der Orangenschale sowie dem Zucker in einer kleinen Pfanne erhitzen. Bei mittlerer Temperatur sämig einkochen. Anschließend den Sud in eine Schale umfüllen.

Die dritte Orange so schälen, dass die gesamte weiße Haut mit entfernt ist. Die Filets heraustrennen und zusammen mit dem abtropfenden Saft beiseitestellen.

Die Schalotte abziehen, fein würfeln und zum eingekochten Orangensud geben. Den Senf und das Aprikosenkernöl hinzufügen. Alles mit 1 Prise Salz sowie Pfeffer würzen und zu einem Dressing verrühren.

Den beiseitegestellten Kürbis abgießen. Die ebenfalls beiseitegestellten Orangenfilets sowie das Dressing zugeben und vermengen.

Den Kürbissalat in Schalen anrichten. Zum Servieren die Shiso-Kresse mit einer Schere abschneiden und zusammen mit den Pinienkernen über den Salat streuen.

SCHOKOEIS MIT MANDEL-CRUMBLE

Für 4 Personen
Zubereitungszeit 30 Minuten plus
30–40 Minuten zum Gefrieren
Backzeit 15–20 Minuten

ZUTATEN
FÜR DAS EIS

150 g Zartbitterschokolade
1 Vanilleschote
250 g süße Sahne
250 ml Milch
3 Eigelb
50 g Zucker

FÜR DEN CRUMBLE

100 g Weizenmehl Type 405
75 g Butter
75 g Zucker
50 g Mandelblättchen

ZUM SERVIEREN

Meersalzflocken
4 TL Aprikosenkernöl

ZUBEREITUNG

Für das Eis die Schokolade hacken und beiseitestellen. Die Vanilleschote der Länge nach aufschneiden und das Mark mit dem Messerrücken auskratzen. Das Mark samt der Schotenhälften mit der Sahne und der Milch in einen Topf geben. Die Mischung zum Kochen bringen. Das Eigelb mit dem Zucker in einer Rührschüssel über einem heißen Wasserbad verrühren, bis sich der Zucker aufgelöst hat. Langsam die aufgekochte Vanille-Sahne-Mischung hinzugießen. Die Eismasse unter Rühren über dem heißen, nicht kochenden Wasserbad auf etwa 70 °C erhitzen, bis eine sämige Bindung entstanden ist. Die gehackte Schokolade in der heißen Masse schmelzen. Anschließend die Eismasse zügig durch ein Sieb in eine Schüssel gießen und abkühlen lassen. Dann in der Eismaschine 30–40 Minuten zu cremigem Eis gefrieren.

Den Backofen auf 180 °C Ober-/Unterhitze vorheizen. Für den Crumble das Mehl mit Butter, Zucker und Mandelblättchen in einer Schüssel zu Streuseln verreiben. Die Streusel auf einem mit Backpapier ausgelegten Backblech verteilen. Den Crumble im vorgeheizten Backofen 15–20 Minuten backen. Danach abkühlen lassen.

Den Crumble auf vier Dessertgläser verteilen und je eine Kugel Schokoeis daraufgeben. Alles mit Meersalzflocken und jeweils 1 TL Aprikosenkernöl toppen und servieren.

QUARKCREME MIT HIMBEEREN

Für 4 Personen
Zubereitungszeit 30 Minuten plus
1 Stunde zum Festwerden

ZUTATEN

1 unbehandelte Zitrone
50 g Rohrohrzucker plus 1 EL mehr für die Himbeeren
2 gestr. TL Agar-Agar
250 g Magerquark
150 g Joghurt
150 g süße Sahne
3 EL Aprikosenkernöl
300–400 g frische Himbeeren
2 Stengel Minze

ZUM SERVIEREN

1 EL Mandelblättchen, geröstet

ZUBEREITUNG

Die Zitrone heiß waschen, gründlich trockentupfen, die Schale fein abreiben und die Zitrone auspressen. Den Zucker mit dem Zitronenabrieb zwischen den Fingern zerreiben, bis er intensiv duftet. Dann den Zitronenzucker, den Saft der Zitrone, Agar-Agar und 50 ml Wasser in einem kleinen Topf glatt rühren und aufkochen. Die Masse bei mittlerer Temperatur 2 Minuten köcheln lassen.

Anschließend die Masse mit Quark, Joghurt, Sahne und Aprikosenkernöl in einer Schüssel verrühren. Die Quarkcreme in Dessertgläser füllen und zum Festwerden für 1 Stunde in den Kühlschrank stellen.

Die Himbeeren verlesen und kurz abbrausen. Die Hälfte davon mit 1 EL Zucker in einem Topf erhitzen. Kurz aufkochen, dann die übrigen Himbeeren unterrühren. Anschließend das Kompott abkühlen lassen.

Die Minze waschen, trockentupfen, die Blätter abzupfen und in feine Streifen schneiden.

Das Himbeerkompott auf der Quarkcreme verteilen und mit den Mandelblättchen und der Minze bestreut servieren.

ARGANÖL

SORTE

Kalt gepresstes (natives) Öl, das aus Argannüssen gewonnen wird. Die Nüsse stammen aus Marokko und wachsen dort an den gleichnamigen Arganbäumen (*Argania spinosa*). Arganöl zählt zu den Nussölen.

QUALITÄT

Ausschließlich kalt gepresst, sehr rar und daher teuer; fast ausschließlich aus gerösteten Arganüssen hergestellt, daher auch das intensive und nussige Aroma.

Es gibt auch die Variante aus ungerösteten Argannüssen, sie schmeckt mild, ohne die typische Nussnote und hat eine hell- bis orangegelbe Farbe.

VERWENDUNG

Ausschließlich kalt: für Salate, Dressings, Aufstriche, Dips, kalte Sauce, Süßspeisen, Smoothies, Eis

SPINATSALAT MIT KERNEN UND PFIRSICHEN

Für 4 Personen
Zubereitungszeit 20 Minuten

ZUTATEN

50 g Vitalkerne-Mix (z. B. aus Kürbiskernen, Pinienkernen, Sojakernen)

1 rote Zwiebel

2 Pfirsiche

1 EL mildes Olivenöl

Salz

frisch gemahlener schwarzer Pfeffer

150 g Babyspinat

½ TL Szechuanpfefferkörner

2 EL milder Weißweinessig

2 EL Apfelsaft

1 TL Honig

3 EL Arganöl

ZUBEREITUNG

Die Vitalkerne in einer Pfanne ohne Fettzugabe anrösten, in eine Schale umfüllen und abkühlen lassen.

Die Zwiebel abziehen und in dünne Spalten hobeln. Die Pfirsiche waschen, entkernen und in Spalten schneiden. Die Pfirsichspalten im Olivenöl in einer Grillpfanne kurz von beiden Seiten anbraten. Mit Salz sowie Pfeffer würzen und auf einer Servierplatte auslegen. Die Zwiebelspalten darüber verteilen.

Den Spinat waschen und trockenschleudern.

Den Szechuanpfeffer im Mörser zerstoßen. Den Weißweinessig mit Apfelsaft, Honig, Szechuanpfeffer und 1 Prise Salz in einer Schale mischen. Zuletzt das Arganöl hinzufügen und alles zu einem Dressing verrühren.

Den Spinat mit der Hälfte des Dressings marinieren. Das übrige Dressing über die Pfirsiche träufeln. Den Spinat darauf verteilen und mit den Vitalkernen bestreut servieren.

SÜSSKARTOFFELSUPPE MIT GERÖSTETEM FLADENBROT

Für 4 Personen
Zubereitungszeit 20 Minuten
Garzeit 20 Minuten

ZUTATEN

3 Süßkartoffeln
1 Zwiebel
1 kleine Knoblauchzehe
1 kleines Stück Ingwer (1 cm, fingerdick)
1 EL Butter
3 Zweige Thymian
1 l Gemüsebrühe
Salz
Cayennepfeffer
½ Zitrone

AUSSERDEM

1 libanesisches dünnes Fladenbrot
1 EL Olivenöl
2 TL Zatar (orientalische Gewürzmischung)
2–3 EL Arganöl

ZUBEREITUNG

Die Süßkartoffeln waschen, schälen und würfeln. Die Zwiebel und den Knoblauch abziehen und würfeln. Den Ingwer schälen und reiben. Die Butter in einem Topf schmelzen und Zwiebel, Knoblauch, Ingwer, Thymian sowie die Süßkartoffeln darin braun anbraten. Dann mit der Gemüsebrühe aufgießen, 1 TL Salz zugeben und die Suppe abgedeckt bei mittlerer Temperatur 20 Minuten garen. Den Thymian aus der Suppe entfernen.

Anschließend das Fladenbrot in kleine Stücke schneiden. Das Brot im heißen Olivenöl in einer Pfanne anbraten. Zatar darüberstreuen und alles mit etwas Salz würzen.

Die fertig gegarte Suppe pürieren. Mit Salz, Cayennepfeffer und einem Spritzer Saft der Zitrone würzig abschmecken.

Die Suppe in Schalen anrichten, mit etwas Arganöl beträufeln und servieren. Die Fladenbrotstücke dazu reichen.

PANZANELLA MIT TOMATEN UND KIRSCHEN

Für 4 Personen
Zubereitungszeit 20 Minuten
Garzeit 5–8 Minuten

ZUTATEN

1 Ciabatta (altbacken, 2–3 Tage alt)
2–3 EL natives Olivenöl
2 Ochsenherztomaten
250 g Süßkirschen
3 Frühlingszwiebeln
1 Limette
3 EL Arganöl
1 TL Rohrohrzucker
Salz
frisch gemahlener schwarzer Pfeffer
4 Stängel Basilikum

ZUBEREITUNG

Das Ciabatta in grobe Würfel schneiden und mit dem Olivenöl in einer Schüssel vermengen. Die Brotwürfel in einer Pfanne einige Minuten knusprig braten.

Inzwischen die Tomaten waschen, den Blütenansatz herausschneiden und die Hälften würfeln. Die Kirschen waschen, halbieren und entkernen. Die Frühlingszwiebeln waschen, putzen und in Ringe schneiden.

Den Saft der Limette auspressen und mit dem Arganöl, dem Zucker, 2 Prisen Salz und etwas Pfeffer zu einem Dressing verrühren.

Das Basilikum waschen, trockentupfen und die Blätter abzupfen. Tomaten, Kirschen und Frühlingszwiebeln mit dem Dressing in einer Schüssel vermengen. Die Brotwürfel und Basilikumblätter zugeben und unterheben. Die Panzanella auf Teller verteilen und servieren.

TIPP

Lässt man die Panzanella einige Stunden durchziehen, wird das Brot weich und saftig. Wer es knusprig mag, serviert ihn direkt nach dem Marinieren.

AVOCADOÖL

SORTE

Ein aus dem Fruchtfleisch der Avocado gepresstes Öl. Dafür wird das Fruchtfleisch zerkleinert, mit Wasser gemischt und in einer Zentrifuge getrennt. Das abfließende Öl wird nicht erhitzt, zählt somit zu den kalt gepressten, nativen Ölen.

QUALITÄT

Nativ, hellgrün bis intensiv grün, intensives Aroma, deutlicher Geruch und Geschmack von Avocado

VERWENDUNG

- Kalt: für Salate und kalte Vorspeisen, Salatdressings, kalte Saucen, Dips, Aufstriche, Mayonnaisen, Smoothies
- Warm: zum Dünsten und Kurzbraten bei mittleren Temperaturen, für Fisch, Geflügel, Tofu, Gemüse aller Art

RAUCHPUNKT

Aufgrund der Fettsäurezusammensetzung ist Avocadoöl auch zum Erhitzen geeignet, da der Rauchpunkt höher liegt. Erzeugerangaben reichen von 160–225 °C.

GARNELENCOCKTAIL

Für 4 Personen
Zubereitungszeit 20 Minuten

ZUTATEN

250 g TK-Garnelen, geschält, entdarmt und aufgetaut

1 reife Mango

1 Kohlrabi

1 Bund Koriander

1 kleine milde Chilischote

1 Limette

150 g Joghurt

2 EL Avocadoöl

Salz

frisch gemahlener schwarzer Pfeffer

1 TL Schwarzkümmel

ZUBEREITUNG

Die Garnelen kalt abspülen und trockentupfen. Die Mango und den Kohlrabi schälen und klein würfeln. Den Koriander waschen, trockentupfen und die Blätter abzupfen. Einige Blätter beiseitestellen und den Rest fein hacken.

Die Chilischote waschen, die Samen entfernen und die Schote klein hacken. Den Saft der Limette auspressen. Den Joghurt mit dem Limettensaft, der Chilischote und dem Avocadoöl zu einem Dressing glatt rühren. Anschließend mit Salz und Pfeffer gut abschmecken. Zuletzt den gehackten Koriander untermischen.

Garnelen, Mango und Kohlrabi mit dem Dressing vermengen. Den Cocktail auf Schalen verteilen, mit den beiseitegestellten Korianderblättchen sowie dem Schwarzkümmel bestreuen und servieren.

SALAT AUS GEGRILLTER HÄHNCHENBRUST UND MANDARINE

Für 4 Personen
Zubereitungszeit 20 Minuten
Garzeit 15–20 Minuten

ZUTATEN

1 TL schwarze Pfefferkörner
1 TL Pul Biber (milde Paprikaflocken)
Salz
½ TL Rohrohrzucker
2 Hähnchenbrüste
4 EL Avocadoöl
4 Mandarinen
1 Handvoll Rucola
1 TL mittelscharfer Senf
2 EL Reisessig
frisch gemahlener schwarzer Pfeffer

ZUBEREITUNG

Den Pfeffer im Mörser zerstoßen und mit Pul Biber, ½ TL Salz und dem Zucker mischen. Die Hähnchenbrüste trockentupfen und in der Gewürzmischung wenden. Eine Grillpfanne erhitzen, 1 EL Avocadoöl darin verteilen und das Fleisch darin von allen Seiten bei mittlerer Temperatur anbraten. Anschließend die Hähnchenbrüste in der Pfanne unter gelegentlichem Wenden etwa 10 Minuten gar ziehen lassen. (Sollten sie dabei zu stark bräunen, die Temperatur etwas reduzieren.)

Inzwischen die Mandarinen so schälen, dass die gesamte weiße Haut mit entfernt ist. Die Früchte in dünne Scheiben schneiden, dabei den Saft auffangen. Den Rucola waschen und trockenschleudern.

Den aufgefangenen Mandarinensaft mit dem Senf, dem Reisessig und dem übrigen Avocadoöl (3 EL) zu einem Dressing glatt rühren. Zuletzt mit Salz und Pfeffer würzen.

Die Hähnchenbrust in dünne Scheiben schneiden und zusammen mit den Mandarinenscheiben auf vier Teller verteilen. Das Dressing darüberträufeln, mit den Rucolablättern bestreuen und den Salat servieren.

FORELLEN-CEVICHE

Für 4 Personen
Zubereitungszeit 20 Minuten

ZUTATEN

½ Salatgurke

4 frische Forellenfilets, ohne Haut und Gräten

2 Limetten

Salz

frisch gemahlener schwarzer Pfeffer

1 rote Zwiebel

100 g Mini-Kirschtomaten

1 Bund Koriander

4 EL Avocadoöl

ZUBEREITUNG

Die Salatgurke waschen und in dünne Scheiben schneiden. Vier Teller mit den Gurkenscheiben auslegen.

Die Forellenfilets trockentupfen und leicht schräg in dünne Scheiben schneiden. Die Fischscheiben auf den Gurkenscheiben auslegen. Den Saft der Limetten über dem Fisch auspressen. Die Filets mit Salz und Pfeffer würzen und zum Durchziehen 15 Minuten beiseitestellen.

Inzwischen die Zwiebel abziehen und in sehr dünne Scheiben hobeln. Die Kirschtomaten waschen und halbieren. Den Koriander waschen, trockentupfen und die Blätter abzupfen.

Die Zwiebel, Kirschtomaten und den Koriander auf dem Fisch verteilen. Zuletzt das Avocadoöl darüberträufeln und die Ceviche servieren.

GURKEN-KRÄUTER-KALTSCHALE

Für 4 Personen
Zubereitungszeit 15 Minuten

ZUTATEN

2 Salatgurken
½ Bund glatte Petersilie
½ Bund Kerbel
4 Zweige Thymian
1 l Buttermilch
2–3 EL Apfelessig
Salz
6–8 Eiswürfel
frisch gemahlener schwarzer Pfeffer
2 Schalen Gartenkresse
4 EL Avocadoöl

ZUBEREITUNG

Die Gurken waschen und in grobe Stücke schneiden. Die Petersilie, den Kerbel und den Thymian waschen, trockentupfen und samt Stielen grob zerzupfen beziehungsweise die holzigen Stiele des Thymians vorher aussortieren. Die Gurkenstücke mit den Kräutern, der Buttermilch, dem Apfelessig, 1 TL Salz und den Eiswürfeln in der Küchenmaschine (Standmixer oder Hochleistungsmixer) fein pürieren. Zuletzt die Gurken-Kaltschale mit Salz und Pfeffer abschmecken.

Die Gartenkresse abschneiden. Die Kaltschale in tiefen Schalen oder Tellern anrichten. Mit dem Avocadoöl beträufelt und der Kresse bestreut servieren.

TIPP

- Die Kaltschale kann auch mit anderen Milchprodukten oder veganen Alternativen zubereitet werden, wie etwa Skyr, Joghurt, Kefir oder einer Mischung aus verschiedenen dieser oder ähnlicher Erzeugnisse.
- Außerdem lassen sich die angegebenen Kräuter ebenso gut durch andere nach Wahl austauschen.

BUCHECKERNÖL

SORTE

Öl aus den Früchten der Rotbuche. Die Bucheckern werden von Hand gesammelt, schonend geröstet und anschließend gepresst.

QUALITÄT

Nativ, kalt gepresst. Konventionelles Öl, da die Früchte aus Wildsammlung stammen, welche nicht bio-zertifiziert werden können.

VERWENDUNG

- Kalt: für Salat und kalte Vorspeisen, Salatsaucen, Dips, Aufstriche, kalte Saucen. Besonders zu Wild und Wildgeflügel, Geflügel und Rind, für Pilzgerichte, Pasta und Kartoffelzubereitungen, Kohlgerichte mit Rot-, Weißkohl, Wirsing und Rosenkohl sowie Eierspeisen und Bittersalaten mit Fruchtbestandteilen.
- Das intensive Nussaroma harmoniert zudem mit Schokoladendesserts und cremigen Süßspeisen.

Bucheckernöl / 57

SANDWICH MIT HALLOUMI UND KÜRBIS

Für 4 Personen
Zubereitungszeit 20 Minuten
Garzeit 20 Minuten

ZUTATEN

2 rote Zwiebeln
1 TL Zucker
Salz
2 EL Apfelessig
200 g Frischkäse
3–4 EL Milch
1 EL körniger Senf
1 TL Kräuter der Provence (alternativ andere Kräutermischung)
frisch gemahlener schwarzer Pfeffer
1 Hokkaidokürbis
3 EL Olivenöl
250 g Halloumi (Grillkäse)
8 Scheiben großes, rundes, italienisches Weißbrot
50 g weiche Butter
4 Salatblätter (Sorte nach Wahl, z. B. Radicchio, Eichblatt, Lollo rosso, Endivie)
2–3 EL Bucheckernöl

ZUBEREITUNG

Die roten Zwiebeln abziehen und in Streifen schneiden. Mit dem Zucker, 2 Prisen Salz und dem Essig in einer Schüssel vermischen. Abgedeckt zum Durchziehen beiseitestellen.

Den Frischkäse mit Milch, Senf, Kräutern sowie 1–2 Prisen Salz und Pfeffer zu einer Creme glatt rühren.

Den Kürbis waschen, halbieren, entkernen und in 1 cm breite Scheiben beziehungsweise Spalten schneiden. Die Stücke in 2 EL heißem Olivenöl in einer Pfanne von beiden Seiten braun anbraten. Dann mit Salz und Pfeffer würzen. Zuletzt den Kürbis abdecken und im eigenen Saft bei niedriger bis mittlerer Temperatur etwa 5–7 Minuten gar ziehen lassen.

Den Halloumi trockentupfen, in Scheiben schneiden und in einer zweiten Pfanne im restlichen Olivenöl (1 EL) von beiden Seiten anbraten.

Die Brotscheiben mit der Butter bestreichen und in einer weiteren Pfanne oder im vorgeheizten Backofen (200 °C Umluft) anrösten.

Anschließend die gerösteten Brote mit der Frischkäse-Creme bestreichen. Die Salatblätter waschen und trockentupfen. Die Blätter, den Kürbis, den Halloumi und die Zwiebeln auf die Creme schichten. Das Bucheckernöl darüberträufeln. Die Sandwiches halbieren, auf Teller verteilen und servieren.

GEBACKENE ROTE BETE IM SALZBETT MIT ZATAR UND BURRATINA

Für 4 Personen
Zubereitungszeit 20 Minuten
Garzeit 1–1,5 Stunden

ZUTATEN

8 mittelgroße Rote Beten
1 kg naturbelassenes grobes Meersalz
3 Lorbeerblätter
1 TL Wacholderbeeren
1 TL Pimentkörner
4 Burratina (kleinere Burrata; Abtropfgewicht etwa 120 g)
2–3 TL Zatar (orientalische Gewürzmischung)
4 TL Bucheckernöl
8 Scheiben Sauerteigbrot

ZUBEREITUNG

Den Backofen auf 160 °C Ober-/Unterhitze vorheizen. Die Roten Beten gründlich waschen und abbürsten.

Das Salz in einer Ofenform verteilen. Lorbeer, Wacholder und Piment im Mörser grob zerstoßen und unter das Salz mischen. Die Knollen in die Salzmischung setzen und so weit hineindrücken oder das Salz um die Knollen anhäufen, dass sie etwa zur Hälfte im Salz liegen.

Die Roten Beten im vorgeheizten Backofen je nach Größe 1–1,5 Stunden garen. Sie sind gar, wenn sich eine Rouladennadel leicht einstechen lässt.

Die Burratina abtropfen lassen und auf vier Teller verteilen. Die Burratina mit Zatar bestreuen und das Bucheckernöl darüberträufeln. Das Brot in Scheiben schneiden und zusammen mit der Roten Bete servieren.

CROSTINI MIT BOHNENHUMMUS

Für 4 Personen
Zubereitungszeit 20 Minuten

ZUTATEN

1 kleine Dose weiße Bohnen
(Abtropfgewicht 130 g)

1 Knoblauchzehe

½ Zitrone

1 TL Korianderpulver

Salz

100 g Tahin (Sesammus)

frisch gemahlener schwarzer Pfeffer

Cayennepfeffer

2 EL Buchweizenkörner

1 Baguette

3–4 EL Olivenöl

Meersalzflocken

2 EL Bucheckernöl

ZUBEREITUNG

Die weißen Bohnen abgießen und in ein hohes Gefäß oder in den Mixer geben. Den Knoblauch abziehen und hinzufügen. Den Saft der Zitrone dazupressen und 50 ml kaltes Wasser aufgießen. Dann den Koriander sowie 2 Prisen Salz zugeben und die Mischung pürieren. Anschließend das Tahin zugeben und weiter pürieren, bis eine fein-cremige Masse entstanden ist. Zuletzt das Bohnenhummus mit Salz, Pfeffer und 1 Prise Cayennepfeffer würzig abschmecken.

Den Buchweizen in einer Pfanne ohne Fettzugabe anrösten, umfüllen und abkühlen lassen. Das Baguette in Scheiben schneiden, beidseitig mit dem Olivenöl beträufeln und in derselben Pfanne anrösten.

Das Bohnenhummus auf den Brotscheiben verteilen, mit dem gerösteten Buchweizen und Meersalz bestreuen. Das Bucheckernöl darüberträufeln und die Crostini servieren.

DISTELÖL

SORTE

Aus den Samen der Färberdistel (auch Öldistel oder Saflor genannt) gewonnenes Öl

QUALITÄT

Hellgelb, leicht nussig, mildes Aroma

VERWENDUNG

- Herkömmliches Distelöl: nur kalte Verwendung, nicht zum Erhitzen geeignet
- Distelöl HO ist hitzebeständig und kann sowohl zum Kochen, Backen, Braten als auch zum Frittieren verwendet werden.
- Kalt gepresst für Salate, Dressings, Saucen, Dips, Vorspeisen

INFO

- Bis vor einigen Jahren wurde Distelöl aufgrund des sehr hohen Gehalts an mehrfach ungesättigten Fettsäuren für eine »gesunde« Ernährung empfohlen. Nach heutigem Stand ist jedoch bekannt, dass das Verhältnis zwischen Omega-6-Fettsäuren und Omega-3-Fettsäuren nicht optimal ist.
- Neuzüchtungen der Färberdistel bringen »High Oleic«-Öle hervor, an der Bezeichnung »Distelöl HO« erkennbar. Diese Öle weisen eine für den Körper idealere Zusammensetzung an Fettsäuren auf.

CHICORÉE MIT APFELVINAIGRETTE UND RICOTTA-CREME

Für 4 Personen
Zubereitungszeit 30 Minuten
Garzeit 5 Minuten

ZUTATEN

4 getrocknete, in Öl eingelegte Tomaten inkl. 2 EL Einlegeöl

1 EL getrocknete Cranberrys

250 g Ricotta

2 EL gehackte, geröstete Haselnusskerne

Salz

frisch gemahlener schwarzer Pfeffer

1 säuerlicher Apfel

1 Schalotte

1 Bund Schnittlauch

½ Zitrone

3 EL kalt gepresstes Distelöl

Rohrohrzucker

4 Chicorée

1 EL Olivenöl

2 TL Honig

ZUBEREITUNG

Die getrockneten Tomaten und die Cranberrys klein hacken. Den Ricotta mit den gehackten Tomaten und Cranberrys, den Haselnüssen, dem Einlegeöl der Tomaten sowie etwas Salz und Pfeffer zu einer Creme verrühren.

Den Apfel waschen, entkernen und klein würfeln. Die Schalotte abziehen und würfeln. Den Schnittlauch waschen, trockentupfen und in feine Röllchen schneiden. Den Saft der Zitrone auspressen. Den Apfel, die Schalotte, den Schnittlauch, 3 EL des Zitronensafts und das Distelöl zu einer Vinaigrette verrühren. Mit 1–2 Prisen Salz und Zucker würzen.

Den Chicorée waschen und trockentupfen. Die Salate der Länge nach halbieren und auf der Schnittfläche im heißen Olivenöl in einer Pfanne 1–2 Minuten anbraten. Anschließend mit Salz und Pfeffer würzen. Zuletzt den Honig darüberträufeln.

Den Chicorée auf Teller verteilen, die Ricotta-Creme in Tupfen dazugeben und mit der Apfelvinaigrette beträufelt servieren.

BLATTSALAT MIT DISTELÖLDRESSING

Für 4 Personen
Zubereitungszeit 20 Minuten

ZUTATEN

50 g Kürbiskerne
200 g Blattsalatmischung Baby Leaf
50 g Rote Johannisbeeren
1 Schalotte
1 TL mittelscharfer Senf
3 EL Weißweinessig
1 TL Honig
Salz
4 EL kalt gepresstes Distelöl

ZUBEREITUNG

Die Kürbiskerne in einer Pfanne ohne Fettzugabe anrösten, umfüllen und abkühlen lassen.

Die Salatmischung waschen und trockenschleudern. Die Johannisbeeren verlesen und kurz abbrausen.

Die Schalotte abziehen und fein würfeln. Schalotte, Senf, Essig, Honig und 1 Prise Salz in einer Schale verrühren. Alles mit dem Distelöl zu einem Dressing vermischen.

Den Salat mit dem Dressing marinieren. Mit den Johannisbeeren und den Kürbiskernen auf Teller verteilen und servieren.

ERDNUSSÖL

SORTE

Aus Erdnüssen gepresstes und extrahiertes Öl. Die Erdnusspflanze stammt aus Südamerika, wird aber heutzutage in den tropischen und subtropischen Gebieten in großen Mengen angebaut.

QUALITÄT UND VERWENDUNG

- Kalt gepresst, nativ, aus ungerösteten Erdnüssen ist es mild im Geschmack und zum Kochen, Braten und Frittieren geeignet.

- Aus gerösteten Erdnüssen gepresst ist das Öl intensiv nussig. Es kann kalt sowie warm verwendet werden und ist außerdem zum Braten geeignet.

- Raffiniertes Erdnussöl ist geschmacksneutral, eignet sich ebenfalls zum Braten und Frittieren.

RAUCHPUNKT

Etwa 230 °C

ENTENSATÉS MIT ERDNUSSSAUCE

Für 4 Personen
Zubereitungszeit 20 Minuten plus
2 Stunden zum Durchziehen
Garzeit 15 Minuten

ZUTATEN

3 Entenbrüste (etwa 500 g)

1 Knoblauchzehe

2 Limetten

50 ml Sojasauce

1 TL Gochujang (alternativ Sambal Oelek oder Harissa-Paste)

75 ml Milch

1 TL mittelscharfer Senf

200 ml geröstetes Erdnussöl plus 1 EL mehr zum Braten

1 Bund Koriander

2–3 EL Erdnusskerne

Salz

frisch gemahlener schwarzer Pfeffer

ZUBEREITUNG

Die Entenbrüste häuten und in Würfel schneiden. Den Knoblauch abziehen und fein hacken. Den Saft der Limetten auspressen. Sojasauce, Gochujang, die Hälfte des Limettensafts und den Knoblauch in einer Schale zu einer Marinade verrühren. Die Fleischwürfel in der Marinade wenden und abgedeckt 2 Stunden durchziehen lassen.

Die Milch mit dem Senf in ein hohes Gefäß geben. Dann das Öl tröpfchenweise hinzufügen und mit dem Stabmixer cremig emulgieren. Den Koriander waschen, trockentupfen und hacken. Die Erdnusskerne ebenfalls hacken und beides untermischen. Zuletzt die Sauce mit der anderen Hälfte des Limettensafts, Salz und Pfeffer würzig abschmecken.

Das Entenfleisch auf Spieße stecken. In 1 EL Erdnussöl in einer Pfanne rundum anbraten und unter Wenden 2–3 Minuten garen.

Anschließend die Entensatés mit der Erdnusssauce anrichten und servieren.

BLUMENKOHL MIT ERDNUSS-PILZ-GRÖSTL

Für 4 Personen
Zubereitungszeit 30 Minuten
Garzeit 20 Minuten

ZUTATEN

1 großer Blumenkohl
4 EL geröstetes Erdnussöl
1 TL getrockneter Thymian
1 TL getrockneter Oregano
1 TL edelsüßes Paprikapulver
½ TL Kreuzkümmelpulver
Salz
50 g Erdnusskerne
250 g braune Champignons
1 rote Zwiebel
1 Stück Ingwer (2 cm, fingerdick)
1 unbehandelte Zitrone
6 EL Semmelbrösel
2 EL Butter

ZUBEREITUNG

Den Backofen auf 180 °C Ober-/Unterhitze vorheizen. Den Blumenkohl waschen, die Blätter abtrennen und beiseitestellen. Den Kopf in 1–2 cm dicke Scheiben schneiden. Die Scheiben und alle kleineren Stücke, die sich gelöst haben, auf einem mit Backpapier ausgelegten Backblech verteilen. 3 EL Erdnussöl mit den Kräutern, Paprikapulver, Kreuzkümmel und 1 TL Salz verrühren. Den Blumenkohl mit der Mischung einstreichen. Im vorgeheizten Backofen 20 Minuten garen.

Inzwischen die Erdnüsse grob hacken. Die Champignons trocken abreiben und würfeln. Die Zwiebel abziehen und ebenfalls würfeln. Den Ingwer schälen und klein hacken. Die beiseitegestellten Blumenkohlblätter klein schneiden. Das restliche Erdnussöl (1 EL) in einer breiten Pfanne erhitzen und Zwiebel, Ingwer sowie Blumenkohlblätter darin 1 Minute anschwitzen. Dann die Champignons und Erdnusskerne zugeben und das Gröstl 3–4 Minuten anbraten.

Die Zitrone heiß waschen, gründlich trockentupfen und die Schale fein abreiben. Das fertig gebratene Gröstl mit dem Zitronenabrieb, Salz und Pfeffer würzen.

Die Semmelbrösel in der Butter in einer zweiten Pfanne anrösten und leicht salzen.

Zum Anrichten den Blumenkohl auf Teller verteilen, das Gröstl und die Brösel darüber verteilen und servieren.

ERDNUSSRIEGEL

Für etwa 12 Stück
Zubereitungszeit 20 Minuten
Backzeit 20 Minuten

ZUTATEN

75 g Erdnusskerne
2 Eiweiß
Salz
150 g zarte Haferflocken
50 g geröstetes Erdnussöl
50 g Ahornsirup
Fett für die Form nach Bedarf
150 g Zartbitterkuvertüre

ZUBEREITUNG

Den Backofen auf 180 °C Ober-/Unterhitze vorheizen. Die Erdnüsse grob hacken.

Das Eiweiß mit 1 Prise Salz in einer Schüssel mit dem Schneebesen leicht schaumig schlagen. Haferflocken, Erdnüsse, Erdnussöl und Ahornsirup zugeben und vermengen. Die Masse in einer gefetteten Form (etwa 20 × 20 cm) oder in der gleichen Größe auf einem mit Backpapier ausgelegten Backblech verteilen und gut andrücken. Auf dem Backblech die Ränder mit einem Teigschaber zu einer glatten Kante formen. Die Masse im vorgeheizten Backofen 20 Minuten backen. Anschließend 10 Minuten abkühlen lassen, aus der Form heben und in zwölf Riegel schneiden.

Die Kuvertüre hacken und die Hälfte davon in einer Schüssel über einem heißen Wasserbad schmelzen. Dann die Schüssel beiseitestellen, die übrige Kuvertüre zugeben und unter Rühren schmelzen.

Die Riegel mit der Schokolade überziehen und auf Backpapier fest werden lassen. Danach sofort servieren oder in einer Vorratsdose gelagert innerhalb 1 Woche verbrauchen.

GRANATAPFELKERNÖL

SORTE

Aus den reifen Kernen des Granatapfels gewonnenes Öl

QUALITÄT

Ausschließlich kalt gepresst, eine eher seltene Ölsorte, besitzt eine hellgelbe Farbe. Mit dezentem, leicht nussigem Aroma

VERWENDUNG

Ausschließlich kalt: für Blatt-, Gemüse- und Obstsalate, kalte Vorspeisen mit Geflügel, Fisch oder vegetarische Varianten. Außerdem für Quarkspeisen, dezent aromatische Nachspeisen und Smoothies

Granatapfelkernöl / 79

HUMMUS MIT GRANATAPFELKERNÖL

Für 4 Personen
Zubereitungszeit 20 Minuten

ZUTATEN

1 Glas Kichererbsen
(Abtropfgewicht 260 g)
1 Knoblauchzehe
½ Zitrone
1 TL Kreuzkümmelpulver
Salz
150 g Tahin (Sesammus)
frisch gemahlener schwarzer Pfeffer
2 EL Granatapfelkernöl
2 Stängel Dill
3–4 EL Granatapfelkerne

ZUBEREITUNG

Die Kichererbsen abgießen, in ein hohes Gefäß oder die Küchenmaschine geben. Den Knoblauch abziehen und hinzufügen. Den Saft der Zitrone auspressen. Kreuzkümmel, 1 TL Salz, den Saft der Zitrone und 120 ml kaltes Wasser zur Kichererbsen-Knoblauch-Masse geben und miteinander pürieren. Dann das Tahin hinzufügen und alles zu einem hell-cremigen Hummus mixen. Zuletzt mit Salz und Pfeffer abschmecken.

Das Hummus in eine flache Schale geben, Rillen in die Oberfläche streichen und das Granatapfelkernöl darüberträufeln. Den Dill waschen, trockentupfen und in Fähnchen zupfen. Zusammen mit den Granatapfelkernen auf dem Hummus verteilen und alles servieren.

TIPP

Passende Ölalternativen sind hier Avocado-, Walnuss-, Haselnuss- oder natives Rapsöl.

HAFER-MANDEL-PORRIDGE MIT TRAUBEN

Für 2 Personen
Zubereitungszeit 20 Minuten
Garzeit 5 Minuten

ZUTATEN

2 EL Mandelblättchen
6 EL zarte Haferflocken
Salz
1 Msp. Zimtpulver
1 Msp. Kurkumapulver
350 ml Mandeldrink (alternativ Haferdrink oder Milch)
1 Handvoll Trauben
2 TL Granatapfelkernöl
2 TL Ahornsirup

ZUBEREITUNG

Die Mandelblättchen in einem Topf ohne Fettzugabe anrösten, bis sie leicht gebräunt sind. Dann die Haferflocken zugeben und kurz mitrösten. 1 Prise Salz, die Gewürze und den Mandeldrink angießen und unterrühren. Vorsicht, die Flüssigkeit kocht sofort auf, da die Flocken heiß sind. Das Porridge bei niedriger Temperatur 2–3 Minuten köcheln lassen.

Anschließend das Porridge auf zwei Schalen verteilen. Die Trauben waschen, halbieren und darauf verteilen. Das Granatapfelkernöl und den Ahornsirup darüberträufeln und das Porridge servieren.

KÜRBIS-TABOULÉ

Für 4 Personen
Zubereitungszeit 30 Minuten
Garzeit 5 Minuten

ZUTATEN

100 g feiner Bulgur (Weizengrütze)

½ Hokkaidokürbis

2 EL Olivenöl

Salz

1 großes Bund glatte Petersilie
(etwa 120 g)

1 kleine rote Zwiebel

1 Zitrone

2 EL Granatapfelkernöl

frisch gemahlener schwarzer Pfeffer

ZUBEREITUNG

Den Bulgur laut Packungsangabe in heißem Wasser einweichen.

Den Kürbis waschen, entkernen und samt Schale in kleine, gleichmäßige Würfel schneiden. Das Olivenöl in einer Pfanne erhitzen, die Kürbiswürfel darin unter Wenden 2–3 Minuten anbraten. Anschließend gut salzen und in eine Schüssel umfüllen.

Die Petersilie waschen, trockentupfen, die Stiele klein schneiden und die Blätter hacken. Die Zwiebel abziehen und fein würfeln. Den Saft der Zitrone auspressen.

Den fertig eingeweichten Bulgur in einem Sieb abtropfen lassen. Mit der Petersilie und der Zwiebel zum Kürbis geben. Alles mit dem Saft der Zitrone und dem Granatapfelkernöl beträufeln, salzen, pfeffern und gründlich vermengen.

Das Kürbis-Taboulé auf Teller verteilen und servieren.

HANFÖL

SORTE

Ein Saatenöl, das aus den Samen der Hanfpflanze (*Cannabis sativa*) gewonnen wird

QUALITÄT

Ausschließlich kalt gepresst, hellgrün bis dunkelgrün, intensiver Geschmack, mild nussig, mit leichten Bitternoten

VERWENDUNG

- Kalt: für Blatt- und Gemüsesalate, kalte Vorspeisen – hier vor allem mit Lamm, Wild und Rind –, Dressings, Dips, Aufstriche, Smoothies, Porridge
- Das Öl ist nicht zum Erhitzen geeignet, kann aber kurz vor dem Servieren über warme Speisen geträufelt werden.

HIMBEER-BANANEN-HAFER-DRINK

Für 1 Person
Zubereitungszeit 5 Minuten

ZUTATEN

1 reife Banane
150 g Himbeeren (TK und aufgetaut oder frisch)
2 EL Instant-Haferflocken
1 Msp. Zimtpulver
1 Msp. gemahlener Kardamom
200 ml Milch oder vegane Alternative
1 TL Hanföl

ZUBEREITUNG

Die Banane schälen und in Stücke schneiden. Frische Himbeeren, falls verwendet, verlesen und kurz abbrausen. Die Banane mit den Himbeeren in ein hohes Gefäß geben.

Instant-Haferlocken, Zimt und Kardamom hinzufügen und mit der Milch oder veganen Alternative aufgießen. Alles etwa 30 Sekunden fein pürieren.

Anschließend den Drink in ein Glas füllen, mit dem Hanföl beträufeln und servieren.

KAROTTENSUPPE MIT GERÖSTETEN SAUERTEIGCROÛTONS

Für 4 Personen
Zubereitungszeit 30 Minuten
Garzeit 20–25 Minuten

ZUTATEN

700 g Karotten
2 mehligkochende Kartoffeln
1 Zwiebel
1 Knoblauchzehe
2 EL natives Olivenöl
1 TL Rohrohrzucker
1 Lorbeerblatt
Salz
frisch gemahlener schwarzer Pfeffer
frisch geriebene Muskatnuss
½ Zitrone
2–3 Scheiben Sauerteigbrot
2 EL Butter
1 Bund Schnittlauch
2 TL ungeschälte Hanfsamen
2–3 TL Hanföl

ZUBEREITUNG

Die Karotten und die Kartoffeln waschen, schälen und in Stücke schneiden. Die Zwiebel und den Knoblauch abziehen und würfeln. Karotten, Kartoffeln, Zwiebel und Knoblauch im heißen Olivenöl in einem großen Topf braun anbraten. Dann Zucker, Lorbeerblatt sowie 1 TL Salz zugeben und mit 1 l Wasser aufgießen. Die Mischung aufkochen und abgedeckt bei mittlerer Temperatur 20–25 Minuten garen.

Anschließend das Lorbeerblatt entfernen und das Gemüse in der Flüssigkeit pürieren. Zuletzt die Suppe mit Salz, Pfeffer, Muskatnuss und einem Spritzer Saft der Zitrone abschmecken.

Das Sauerteigbrot in Stücke zupfen und in der Butter in einer Pfanne zu Croûtons anrösten.

Den Schnittlauch waschen, trockentupfen und in feine Röllchen schneiden.

Die Suppe auf tiefe Teller verteilen. Mit den Croûtons, den Hanfsamen und den Schnittlauchröllchen bestreuen, mit dem Hanföl beträufeln und servieren.

TIPP

Eine passende Ölalternative ist hier Walnussöl.

COUSCOUS-BRATLINGE MIT ORANGENDIP

Für 4 Personen
Zubereitungszeit 20 Minuten
Garzeit 20 Minuten

ZUTATEN

1 kleine Zwiebel
2 Zucchini
50 g Parmesan
1 kleines Bund Petersilie
2 Eier
100 g Couscous
Salz
frisch gemahlener schwarzer Pfeffer
2 TL Zatar (orientalische Gewürzmischung)
1 Orange
3 Zweige Thymian
250 g Magerquark
1 EL Hanföl
natives Olivenöl zum Braten

ZUBEREITUNG

Die Zwiebel abziehen und klein würfeln. Die Zucchini waschen, Enden abschneiden und das Fruchtfleisch raspeln. Den Parmesan fein reiben. Die Petersilie waschen, trockentupfen, die Stiele klein schneiden und die Blätter hacken. Die vorbereiteten Zutaten zusammen mit den Eiern und dem Couscous in einer Schüssel vermengen. Mit 1 TL Salz, 2–3 Prisen Pfeffer sowie Zatar würzen und abgedeckt 10 Minuten quellen lassen.

Die Orange heiß waschen, gründlich trockentupfen und die Schale fein abreiben. Die Orange halbieren und den Saft einer Hälfte auspressen. Den Thymian waschen, trockentupfen, die Blätter abzupfen und hacken. Den Quark mit dem Schalenabrieb und dem Orangensaft, dem Thymian, dem Hanföl, 2 Prisen Salz und Pfeffer glatt rühren. Zuletzt den Dip abschmecken und beiseitestellen.

Eine Pfanne erhitzen und 1 TL Olivenöl darin verteilen. Mit einem Esslöffel portionsweise Couscous-Zucchini-Masse hineingeben. Zu runden Talern formen und bei mittlerer Temperatur von jeder Seite 2–3 Minuten braun braten. Anschließend die Bratlinge auf Küchenpapier abtropfen lassen. Mit der übrigen Couscous-Zucchini-Masse ebenso verfahren.

Zum Anrichten die Bratlinge und den Orangendip auf Teller verteilen und servieren.

HASELNUSSÖL

SORTE

Ein aus den Samen des Haselnussstrauchs gewonnenes Öl. Die Haselnüsse werden dafür zum Teil geröstet und bringen ein entsprechend intensiv-nussiges Öl hervor.

QUALITÄT

Kalt gepresst, hellgelbe Farbe

Aus ungerösteten Haselnüssen hergestelltes Öl ist mild mit dezenten Nussnoten.

Geröstete Haselnüsse geben dem Öl das typische intensiv-nussige Aroma.

Raffiniertes Haselnussöl ist erhältlich, aber aus kulinarischer Sicht ist der kalt gepressten Sorte der Vorzug zu geben.

VERWENDUNG

- Kalt: für Salate, Dressings und kalte Saucen, kalte Vorspeisen – vor allem mit Gemüse, Wild, Geflügel –, zu Wurzelgemüse, Kartoffelgerichten und Pasta
- Besonders Süßspeisen harmonieren mit geröstetem Haselnussöl, es passt wunderbar zu Pfannkuchen, Obst und Eis.

SCHOKO-GRANOLA – AUF VORRAT

Für etwa 8–10 Portionen
Zubereitungszeit 10 Minuten
Backzeit 20 Minuten

ZUTATEN

300 g zarte Haferflocken

150 g kernige Haferflocken

150 g Haselnussblättchen

75 ml raffiniertes Rapsöl

75 ml Ahornsirup (oder etwas mehr nach Belieben)

100 g Zartbitterschokolade (70 % Kakaoanteil oder höher)

50 g Kakaonibs

ZUM SERVIEREN PRO PORTION

etwa 150 g Naturjoghurt

Obststücke (Sorte nach Wahl, z. B. Banane, Birne, Orange, Erdbeeren)

1 TL Haselnussöl

ZUBEREITUNG

Den Backofen auf 160 °C Ober-/Unterhitze vorheizen.

Beide Sorten Haferflocken mit den Haselnussblättchen, dem Rapsöl und dem Ahornsirup in einer Schüssel vermischen. Die Masse auf einem mit Backpapier ausgelegten Backblech verteilen und im vorgeheizten Backofen 20–25 Minuten goldbraun backen. Währenddessen ein- bis zweimal wenden, da die Brösel am Rand schneller bräunen als in der Mitte.

Die Schokolade klein hacken. Das fertig gebackene Granola aus dem Backofen nehmen und die gehackte Schokolade sowie die Kakaonibs darauf verteilen. 5 Minuten stehen lassen, bis die Schokolade geschmolzen ist. Anschließend alles einmal gut wenden und vollständig erkalten lassen.

Dann das Granola entweder sofort servieren oder in Vorratsgläser füllen und trocken lagern. Für eine Portion etwa 150 g Joghurt in eine Schüssel füllen, mit Obststücken und 3–4 EL Granola bedecken. Zuletzt 1 TL Haselnussöl darüberträufeln und servieren.

ENDIVIENSALAT MIT BRATAPFELSCHEIBEN

Für 4 Personen
Zubereitungszeit 20 Minuten
Garzeit 10 Minuten

ZUTATEN

1 Kopf Endiviensalat
2 Äpfel (Sorte Boskop)
3 Zweige Thymian
2 TL Butter
1 Msp. Zimtpulver
2 EL Kürbiskerne
4 EL Pankobrösel
Salz
2 EL Apfelessig
1 TL Honig
1 TL milder Senf
2 EL Haselnussöl

ZUBEREITUNG

Den Endiviensalat putzen, waschen, trockenschleudern, in mundgerechte Stücke zupfen und beiseitestellen.

Die Äpfel waschen, in dicke Scheiben schneiden und das Kerngehäuse ausschneiden. Den Thymian waschen, trockentupfen und die Blättchen abzupfen. 1 TL Butter in einer Pfanne schmelzen und den Zimt sowie die Thymianblättchen zugeben. Dann die Apfelscheiben darin im eigenen Saft bei mittlerer Temperatur von beiden Seiten 2–3 Minuten garen.

Die Kürbiskerne hacken und zusammen mit den Pankobröseln in der restlichen Butter (1 TL) in einer zweiten Pfanne anrösten. Mit etwas Salz würzen.

Den Apfelessig mit Honig, Senf und 1 Prise Salz verrühren. Danach das Haselnussöl zu einem Dressing unterziehen.

Den Endiviensalat mit dem Dressing marinieren. Den Salat sowie die Bratapfelscheiben auf Teller verteilen und mit den Kürbiskernbröseln bestreut servieren.

TATAR MIT PFLAUMEN UND PAPRIKACREME

Für 4 Personen
Zubereitungszeit 30 Minuten
Garzeit 5 Minuten

ZUTATEN

6 runde Pflaumen (alternativ Zwetschgen)
1 kleiner Zweig Rosmarin
1 TL Butter
2–3 hauchdünne Scheiben Graubrot
350 g Rindertatar (aus dem Filet)
Meersalzflocken
1 gestr. TL Rohrohrzucker
1–2 Msp. Cayennepfeffer
1 TL mittelscharfer Senf
1 EL Haselnussöl
½ Bund Schnittlauch
1 Schalotte
30 ml Milch
1 EL Tatli Biber salçasi
(milde Paprikapaste)
75 ml raffiniertes Rapsöl
frisch gemahlener schwarzer Pfeffer
1 EL Joghurt

ZUBEREITUNG

Die Pflaumen waschen, halbieren und entsteinen. Den Rosmarin waschen, trockentupfen und die Nadeln abzupfen. Die Butter in einer Pfanne schmelzen, die Nadeln zugeben und die Pflaumenhälften mit der Schnittfläche in der Butter anbraten. Im eigenen Saft bei niedriger Temperatur 2–3 Minuten schmoren lassen. Anschließend lauwarm abkühlen lassen und beiseitestellen.

Die Brotscheiben im Backofen bei 160 °C Ober-/Unterhitze 3–5 Minuten knusprig backen. Danach abkühlen lassen und zuletzt in Chips-Stücke brechen.

Das Rindertatar mit 2 Prisen Salz, Zucker, dem Cayennepfeffer, dem Senf und dem Haselnussöl in einer Schüssel vermengen. Die Masse in vier Portionen teilen, mithilfe eines Vorspeisenrings rund formen und auf Teller setzen.

Den Schnittlauch waschen, trockentupfen und in feine Röllchen schneiden. Die Schalotte abziehen und sehr fein würfeln.

Die Milch, Tatli Biber salçasi und das Rapsöl in ein hohes Gefäß geben. Mit 2 Prisen Salz, Pfeffer und einer Prise Zucker sämig pürieren. Dann den Joghurt hinzufügen und alles zu einer Creme verrühren.

Die Paprikacreme auf die Oberfläche der Tatartürmchen streichen und mit dem Schnittlauch und den Schalottenwürfeln bestreuen. Die Pflaumen mit dem entstandenen Fruchtsaft um das Tatar verteilen und alles servieren. Die Brotchips dazu reichen.

KIRSCHKERNÖL

SORTE

Die Kerne reifer Sauerkirschen werden nach dem Trocknen geöffnet, aus dem innenliegenden Kern wird das hocharomatische Öl gewonnen.

QUALITÄT

Ausschließlich kalt gepresst, hellgelb mit intensivem Marzipanaroma, an Bittermandel erinnernd. Ein eher unbekanntes, jedoch hochwertiges und sehr aromatisches Öl.

VERWENDUNG

Ausschließlich kalt: für Dressings, Dips, Aufstriche, besonders zu Spargel, Knollensellerie, Geflügelleber und Fisch. Außerdem ist das Öl ausgesprochen harmonisch in der Zubereitung von Süßspeisen.

TIPP

Schnelles Grundrezept für Sahne mit dem gewissen Etwas: gekühlte Sahne und 2 TL Kirschkernöl in einen Sahnesiphon geben. Die entstandene Sahne mit typischem Marzipangeschmack kann auf Eis oder Desserts gesprüht werden.

QUARKKNÖDEL IN SEMMELBRÖSELN MIT KIRSCHKOMPOTT

Für 4 Personen
Zubereitungszeit 20 Minuten plus
30 Minuten zum Ruhen
Garzeit 10–15 Minuten

ZUTATEN
FÜR DIE QUARKKNÖDEL

250 g Magerquark

1 Ei

50 g weiche Butter
plus 1 EL mehr für die Semmelbrösel

150 g Weizenmehl Type 405

Salz

1 TL Zucker plus 1 EL mehr für das Kochwasser

1 unbehandelte Zitrone

1 unbehandelte Orange

6 EL Semmelbrösel

2 EL Kirschkernöl

FÜR DAS KIRSCHKOMPOTT

1 Glas Sauerkirschen
(Abtropfgewicht etwa 200 g)

1 EL Zucker

1–2 TL Speisestärke

ZUBEREITUNG

Für die Quarkknödel den Magerquark mit Ei, Butter, Mehl, 1 Prise Salz und 1 TL Zucker in eine Schüssel geben. Die Zitrone heiß waschen, gründlich trockentupfen, halbieren und eine Hälfte beiseitestellen. Die Schale der anderen Hälfte abreiben und in die Schüssel geben. Alles zu einem Teig vermengen und diesen abgedeckt zum Ruhen 30 Minuten kalt stellen.

Für das Kompott inzwischen die Kirschen in ein Sieb mit untergestellter Schüssel abgießen. Den aufgefangenen Saft mit dem Zucker in einem kleinen Topf zum Kochen bringen. Die Speisestärke in 2 EL kaltem Wasser verrühren, zur Kirschsaftmasse geben und alles unter Rühren 1 Minute aufkochen. Danach die Kirschen untermischen, kurz darin erhitzen und dann zum Abkühlen in eine Schale umfüllen.

Für die Knödel in einem ausreichend großen Topf reichlich Wasser zum Kochen bringen. Die Orange heiß waschen und trockentupfen. Von der Orange und der beiseitegestellten halben Zitrone die Schale mit einem Sparschäler abziehen und ins kochende Wasser geben. 1 TL Salz und 1 EL Zucker hinzufügen. Aus dem Quarkteig etwa 20 kleine (oder 12 größere) Knödel formen und diese im siedenden Wasser 10 (bzw. für die größeren Knödel 15) Minuten gar ziehen lassen.

In der Zwischenzeit die Semmelbrösel in 1 EL Butter in einer Pfanne anrösten. Anschließend das Kirschkernöl untermischen.

Die Knödel aus dem Wasser heben, gut abtropfen lassen und in den Semmelbröseln wenden. Das Kirschkompott und die Quarkknödel auf Teller verteilen und servieren.

BUCHWEIZEN-GALETTE MIT CAMEMBERT UND APRIKOSEN

Für 4 Personen
Zubereitungszeit 20 Minuten
Garzeit 20 Minuten

ZUTATEN

100 g Buchweizenmehl
50 g Weizenmehl
Salz
1 Ei
50 ml Milch
4 Aprikosen
2 EL Zucker
1 TL Szechuanpfefferkörner
raffiniertes Rapsöl zum Braten
1 Camembert
4 TL Kirschkernöl

ZUBEREITUNG

Das Buchweizenmehl mit dem Weizenmehl, 1 Prise Salz, dem Ei, der Milch und 275 ml Wasser zu einem Teig glatt rühren. Den Teig abgedeckt 15 Minuten quellen lassen.

Inzwischen die Aprikosen waschen, halbieren, entsteinen und in Spalten schneiden. Die Aprikosen mit dem Zucker in einer Pfanne kurz erhitzen und je nach Reifegrad einige Minuten garen. Sie sollten weich sein, aber nicht zerfallen. Danach den Szechuanpfeffer im Mörser zerstoßen und über die Aprikosen streuen.

Den Backofengrill (etwa 230–250 °C) einschalten. Den Camembert in Scheiben schneiden.

Den Buchweizenteig portionsweise in einer heißen, leicht geölten Pfanne (etwa 30 cm ø) zu dünnen Crêpes ausbacken.

Jeden Crêpe mit drei Scheiben Camembert belegen und die Seiten wie zu einem Kuvert zusammenklappen. Der Käse sollte in der Mitte noch zu sehen sein. Die Galettes auf ein mit Backpapier ausgelegtes Backblech geben und unter dem Backofengrill etwa 1 Minute gratinieren.

Anschließend die Galettes aus dem Ofen nehmen und auf Teller verteilen. Die Aprikosenspalten dazulegen, mit dem Kirschkernöl beträufeln und alles servieren.

VANILLEKEKSE MIT WEISSER SCHOKOLADENGLASUR

Für etwa 20 Stück
Zubereitungszeit 20 Minuten
Backzeit 12–14 Minuten

ZUTATEN

½ Vanilleschote
50 g Rohrohrzucker
150 g Weizenmehl Type 405
Salz
1 Msp. Backpulver
100 g weiche Butter
150 g weiße Kuvertüre
2 EL Kirschkernöl

ZUBEREITUNG

Die Vanilleschote längs aufschneiden und das Mark auskratzen. Das Mark mit dem Zucker in einer Schale gründlich verreiben. Das Mehl, den Vanillezucker, 1 Prise Salz, das Backpulver und die Butter in einer Schüssel rasch zu einem Teig verkneten. Den Teig auf der Arbeitsfläche zu einer Rolle formen. Die Rolle in Backpapier (das Papier sollte so groß sein, dass man damit ein Backblech auslegen kann) wickeln und 20 Minuten kalt stellen.

Den Backofen auf 170 °C Ober-/Unterhitze vorheizen. Die Keksrolle aus dem Kühlschrank nehmen. Das Backpapier entfernen und das Backblech damit auslegen. Die Teigrolle in 0,5 cm dicke Scheiben schneiden und diese auf dem Backblech verteilen. Die Teiglinge im vorgeheizten Backofen 12–14 Minuten hell backen. Anschließend die Kekse aus dem Ofen nehmen vollständig erkalten lassen.

Die Kuvertüre hacken und in einem heißen Wasserbad schmelzen. Dann das Kirschkernöl unterrühren.

Die erkalteten Kekse jeweils zur Hälfte in die Kirschkernöl-Kuvertüre tauchen. Kurz abtropfen lassen, wieder auf das Backpapier setzen und die Glasur fest werden lassen, je nach Zimmertemperatur auch in einem extra kühlen Raum oder Kühlschrank. Dann die Kekse servieren.

INFO

Das intensive, an Amaretto erinnernde Aroma des Kirschkernöls verfeinert den Schokoladenüberzug perfekt. Zudem bekommt die Kuvertüre einen feinen Glanz.

TIPP

Passende Ölalternativen sind hier Haselnuss- oder Walnussöl.

KOKOSÖL

SORTE

Aus dem zerkleinerten und getrockneten Fruchtfleisch der Kokosnüsse gewonnenes Öl. Kalt gepresst, nativ, nur aus dem rein weißen Kokosfruchtfleisch und zum Teil mit der braunen dünnen Haut, die das Kokosfruchtfleisch umgibt. Gewonnen wird das Öl durch mechanische Techniken. Das Öl kann auch aus der Kokosmilch gewonnen werden.

Raffiniertes Kokosöl (im Sprachgebrauch meist »Kokosfett«) wird zunächst in Hochdruckpressen und durch zusätzliche Extraktion gewonnen, bevor es den Prozess der Raffination durchläuft, bei dem alle unerwünschten Bestandteile entfernt werden.

QUALITÄT

Kalt gepresst, nativ, ist das Kokosöl weißlich, bei höherer Zimmertemperatur, etwa im Sommer, wird es weicher, streichfähig bis flüssig. Im Kühlschrank bleibt es weiß und fest. Beim Erhitzen verflüssigt sich das Kokosöl rasch. Angenehmer, aber deutlicher Kokosgeschmack, im unteren Temperaturbereich zum Erwärmen geeignet.

Raffiniertes Kokosöl ist im Kühlschrank sehr fest, bei Zimmertemperatur fest, lässt sich aber schneiden und schmilzt beim Erwärmen sehr schnell. Sehr mildes, eher neutrales Kokosaroma. Kann sehr gut eingefroren werden. Zum Garen im unteren Temperaturbereich geeignet.

VERWENDUNG

- Natives Kokosöl ist wichtiger Bestandteil bei veganen Zubereitungen, da es dort anstelle von Butter eingesetzt wird. Ideal für Schoko-Nuss-Aufstriche, zum Dünsten und Garen bei niedriger Temperatur. Da es beim Kühlen fest wird, jedoch streichfähig bleibt, kann man es für Aufstriche verwenden. Durch den typischen Kokosgeschmack wird es häufig in der asiatischen Küche eingesetzt.

- Raffiniertes Kokosfett hat einen kühlenden Effekt im Mund, daher ist wohl die bekannteste Zubereitung daraus Eiskonfekt.

RAUCHPUNKT

Etwa 232 °C

VEGANES APFEL-ZWIEBEL-SCHMALZ

Für 1 Schraubglas à 200 g
Zubereitungszeit 20 Minuten
Garzeit 5–8 Minuten

ZUTATEN

1 Apfel
1 Zwiebel
1 TL getrockneter Majoran
100 g natives Kokosöl
Salz
1 TL Hefeflocken (nach Belieben)

ZUBEREITUNG

Den Apfel waschen, schälen, entkernen und klein würfeln. Die Zwiebel abziehen und würfeln. Die Apfel- und Zwiebelwürfel sowie den Majoran mit dem Kokosöl in einen Topf geben. Bei mittlerer Temperatur langsam erhitzen. 5–8 Minuten köcheln lassen, bis die Zwiebel goldbraun ist.

Anschließend das entstandene Schmalz mit Salz und Hefeflocken nach Belieben würzen. In das Schraubglas füllen, verschließen und erkalten lassen. Damit sich die Stücke gleichmäßig im Schmalz verteilen, während des Abkühlens gelegentlich das Glas wenden und leicht schütteln.

Das fertige Schmalz unbedingt im Kühlschrank aufbewahren. So bleibt es fest und lässt sich dennoch gut streichen.

TIPP

Dieses Rezept ist eine echte Alternative zu Schweineschmalz, weil es durch die angeschwitzten Zwiebel- und Apfelwürfel ein feines typisches Aroma bekommt.

SCHOKO-NUSS-AUFSTRICH

Für 1 Schraubglas à 500 g
Zubereitungszeit 30 Minuten

ZUTATEN

200 g Haselnusskerne
100 g Zucker
300 g Zartbitterschokolade
(55–70 % Kakaoanteil)
30 g Backkakao
100 g natives Kokosöl

ZUBEREITUNG

Den Backofen auf 170 °C Ober-/Unterhitze vorheizen. Die Haselnusskerne auf einem Backblech verteilen und im vorgeheizten Ofen 10 Minuten rösten.

Anschließend die Nüsse auf ein sauberes Küchentuch geben, das Tuch über die Nüsse schlagen und durch Reiben die braunen Schalen entfernen. Die Haselnüsse aus den Schalen sortieren und in einen Standmixer geben. Den Zucker hinzufügen und die Mischung auf höchster Stufe mehrere Minuten zerkleinern.

Dann die Mischung in einen Topf umfüllen. Die Schokolade hacken. Den Kakao, die Schokolade und das Öl in den Topf geben und die Masse bei niedriger Temperatur schmelzen. Zuletzt die Masse in das Schraubglas füllen und verschlossen abkühlen lassen.

Den Aufstrich entweder an einem kühlen Ort (dann bleibt der Aufstrich streichfähig) aufbewahren oder im Kühlschrank, bei Letzterem dann etwa 30 Minuten vor dem Servieren temperieren.

HEIDELBEER-SCHOKO-RÜHRKUCHEN

Für 1 Backform (20 × 20 cm)
Zubereitungszeit 20 Minuten
Backzeit 30 Minuten

ZUTATEN

150 g natives Kokosöl
125 g Kokosblütenzucker
Salz
200 g Dinkelmehl Type 630
100 g gemahlene, geschälte Mandelkerne
2 TL Weinsteinbackpulver
3 EL Apfelmark
2 EL Kokosmilch
150 g TK-Heidelbeeren, nicht aufgetaut
100 g Raspelschokolade

ZUBEREITUNG

Die Backform mit Backpapier auslegen. Den Backofen auf 170 °C Ober-/Unterhitze vorheizen.

Das Kokosöl mit dem Kokosblütenzucker und 1 Prise Salz in der Küchenmaschine 2 Minuten verrühren.

Währenddessen das Mehl mit den Mandeln und dem Weinsteinbackpulver mischen. Das Apfelmark zur Kokosöl-Zucker-Mischung geben und unterrühren. Die Mehl-Mandel-Masse und die Kokosmilch untermischen. Zuletzt die gefrorenen Heidelbeeren und die Raspelschokolade kurz unterheben, ohne viel zu rühren.

Den Teig in die vorbereitete Form füllen und den Kuchen im vorgeheizten Backofen 30 Minuten backen.

Anschließend den Kuchen in der Form abkühlen lassen. Dann in Stücke schneiden und servieren.

TIPP

Mit veganer Raspelschokolade oder einer anderen veganen Schokolade wird der Kuchen vegan.

KÜRBISKERNÖL

SORTE

Typisch für die Region Steiermark in Österreich ist das intensiv grüne Öl, welches dort speziell aus den Kernen des Ölkürbisses gewonnen wird. Jedoch liefern auch andere Kürbissorten ölhaltige Kerne, die zur Ölgewinnung dienen. Dazu zählen zum Beispiel der Garten- oder Riesenkürbis. Die Kerne werden vor dem Pressen geröstet, dadurch entsteht der nussige Geschmack.

Steirisches Kürbiskernöl g. g. A. ist eine eingetragene Herkunftsbezeichnung, der Region Steiermark zugeschrieben. Es darf ausschließlich aus den schalenlos wachsenden Kernen des Ölkürbisses (*Cucurbita pepo var. Styriaca*) gepresst werden.

QUALITÄT

Ausschließlich kalt gepresst, nativ, intensivgrüne Farbe, köstlich nussiger, intensiver Eigengeschmack mit süßlicher Note

VERWENDUNG

- Typische Verwendung: für Kartoffelsalate und Suppen, zu Kürbis. Aber auch für Fisch, Geflügel, Salatdressings, Hülsenfrüchte und Wurzelgemüse sowie Spargel.

- Besonders in den letzten Jahren hat sich ein Trend für Dessertzubereitungen in Kombination mit Kürbiskernöl herausgebildet.

Kürbiskernöl

FRAGEN AN DIE ÖLMÜHLE HAMLITSCH:

Was zeichnet das Steirische Kürbiskernöl aus und warum ist gerade die Steiermark so bekannt dafür?

Kein anderes Lebensmittel ist so untrennbar mit der Steiermark verbunden wie das Steirische Kürbiskernöl. Bereits im 18. Jahrhundert wurde in der Steiermark Kürbiskernöl gepresst. Heute zählt es zu den exklusivsten Spezialitäten in der Küche und gilt weit über Österreich hinaus als Delikatesse.

Seit Mitte der 1990er-Jahre erlebt das Öl einen echten Aufschwung, damals legte die Europäische Kommission als Qualitätsmerkmal einen Herkunftsschutz fest: »Steirisches Kürbiskernöl g. g. A.«

Diese drei Buchstaben g. g. A. garantieren,

- dass die Kürbiskerne nur vom steirischen Ölkürbis verwendet werden,
- dass die Kürbiskerne in heimischen Ölmühlen nach traditionellen Herstellungsverfahren verarbeitet werden (ohne Raffination),
- dass die Kürbiskerne aus genau definierten Anbaugebieten kommen und
- dass es sich dabei um hundert Prozent Kernöl aus Erstpressung handelt.

Erkennungszeichen für diesen Herkunftsschutz ist die weiß-grüne Banderole mit einer fortlaufenden Kontrollnummer. Diese befindet sich am Verschluss oder integriert am Etikett und sichert Ihnen ein kontrolliertes, echtes Steirisches Kürbiskernöl g. g. A. zu. Und durch die Nummer lässt sich das Öl von der Mühle bis zum Feld zurückverfolgen.

Deshalb beim Kauf von Kürbiskernöl unbedingt auf diese Banderole achten.

Das Steirische Kürbiskernöl ist ein reines, naturbelassenes Kernöl und enthält von Natur aus wertvolle Inhaltsstoffe wie zum Beispiel ungesättigte Fettsäuren und Vitamin E.

- Das Steirische Kürbiskernöl g. g. A. besitzt mit 80 % eine der höchsten Mengen an einfach und mehrfach ungesättigten Fettsäuren (Linolsäure) aller Öle überhaupt.
- Etwa 20 % des täglichen Vitamin-E-Bedarfs können mit einer Portion (10 ml) Steirischem Kürbiskernöl g. g. A. gedeckt werden. Und Vitamin-E schützt zum einen den Körper vor freien Radikalen, zum anderen auch das Öl vor demm Ranzigwerden. Und das Öl ist dann auch mindestens ein Jahr haltbar.

Welche Sorte Kürbis wird zur Ölherstellung verwendet, was ist das Besondere an den Kernen?

Wie gesagt, erste Aufzeichnungen gibt es bereits aus dem 18. Jahrhundert, dass Kürbiskernöl in der Steiermark gepresst worden ist. Damals noch aus sogenannten beschalten Kürbiskernen, also Kürbiskernen mit einer harten weißen Schale.

Erst Ende des 19. Jahrhunderts entstand dann durch Zufall der heute bekannte Steirische Ölkürbis *(cucurbita pepo var. styriaca)*. Durch diese natürliche Mutation verlor der Kürbis seine harte Schale und ist seitdem nur noch mit einem dünnen Silberhäutchen überzogen. Das erleichterte die Ölgewinnung wesentlich.

Für einen Liter Steirisches Kürbiskernöl g. g. A. werden circa 2,5 bis 3 kg Kürbiskerne (das sind etwa 30 Kürbisse) benötigt – ein hoher Wareneinsatz für hohe Qualität.

Wie wird steirisches Kürbiskernöl gewonnen?

Die Kerne, aus denen das Öl gepresst wird, stammen von Kürbissen aus der Region. Der Zeitpunkt der Ernte des *Cucurbita pepo styriaca* ist besonders wichtig für die Qualität des Öls: denn die Kerne müssen den richtigen Reifegrad haben. Nur aus vollreifen, dickbauchigen und dunkelgrünen Kürbiskernen wird auch ein erstklassiges Steirisches Kürbiskernöl g.g.A.

Früher wurden die Kürbisse noch per Hand gespalten, um die Kerne herauszuholen, heute passiert das maschinell.

Nach der Ernte werden die Kürbiskerne gewaschen und getrocknet. Der Kürbis-Bauer liefert die getrockneten Kerne dann an die Ölmühle, wo sie am besten im Kühllager auf ihre Weiterverarbeitung warten. So sind Kürbiskerne ohne Qualitätsverlust bis zu 2 Jahre lagerfähig.

Ist der Zeitpunkt gekommen, werden die Kerne noch mal grob gesäubert und es folgt der wohl wichtigste Arbeitsschritt in der Herstellung des Kernöls.

Die Kerne werden fein gemahlen, hinzu kommen eine Prise Salz und etwas Wasser. Im Anschluss wird die Masse zu einem Brei geknetet.

»Anschließend kommt das Ganze dann in Röstpfannen, da wird's geröstet, da bekommen wir die schönen Röstaromen rein, die wir wollen, und die dunkelgrüne Farbe. Wenn der Brei durchgeröstet ist, wird das Kernöl mit Stempelpressen ausgepresst. Das ist ein hundert Jahre altes Verfahren, aber wenn man ein hochwertiges Kürbiskernöl haben will, kommt man an dem Verfahren noch nicht vorbei«, erklärt Guntram gerne bei den Führungen durch die Ölmühle.

Beim Röstvorgang ist das Fingerspitzengefühl des jeweiligen Pressmeisters besonders wichtig, denn mit seiner Erfahrung entscheidet er, wann der Röstvorgang abgeschlossen ist und die Pressung erfolgen kann.

Zwischen die Kürbiskern-Masse werden Metallplatten eingelegt, damit sich der Druck beim Pressen gleichmäßig verteilt. Der Stempel drückt die Masse nach unten und das fertige Kürbiskernöl läuft heraus.

Steirisches Kürbiskernöl wird kalt gepresst aus gerösteten Kürbiskernen.

Nach dem Pressen läuft das Öl in Tanks, wo es noch einige Tage ruhen darf. Nachdem sich in den Tanks noch einige Schwebstoffe des Öls abgesetzt haben, wird es vollautomatisch und ohne mechanische beziehungsweise chemische Nachbearbeitung (Filtration, Raffination) in Flaschen abgefüllt und etikettiert.

Woher kommen die intensive Farbe und der typische Geschmack des Öls?

Voraussetzung für den typischen und einzigartigen Charakter des Steirischen Kürbiskernöls sind zum einen unsere Böden, auf denen der Steirische Ölkürbis wächst, zum anderen das sonnenreiche Klima im Süden und Osten Österreichs. Diese spezielle Boden-Klima-Konstellation sichert uns Jahr für Jahr eine einzigartige Kernqualität.

Die dickbauchigen dunkelgrünen Kerne allein machen aber noch kein perfektes Kürbiskernöl.

Erst die Erfahrung des Ölpressers holt das Beste aus den Kernen heraus. Er sorgt mit der perfekten Röstdauer dafür, dass die dunkelgrüne Farbe erhalten bleibt und trotzdem die benötigten Röstaromen entstehen.

Kann man Kürbiskernöl auch erhitzen und wie bewahre ich es am besten auf?

Steirisches Kürbiskernöl ist ein naturbelassenes Öl. Deshalb sollte es in erster Linie für die kalte Küche verwendet werden, also für Salate, Aufstriche, zum Garnieren von Suppen oder auch in süßen Tortencremes oder über Vanilleeis. Vanilleeis mit Kürbiskernöl ist besonders lecker.

Kürbiskernöl darf man aber auch leicht erhitzen (max. 120 °C) um damit zum Beispiel ein Rührei zu machen. Dabei das Öl leicht erhitzen und das geschlagene Ei gleich dazu in die Pfanne geben. Das Ei etwas hin und her schieben, bis es stockt. Nur Schieben und nicht verrühren, damit die schöne Kernölmaserung nicht verloren geht.

Kürbiskernöl ist aber **nicht** zum Braten oder Frittieren geeignet. Wertvolle Inhaltsstoffe gehen dabei verloren und die Speise schmeckt bitter.

Kernöl und Sonne passen nicht zusammen, weil UV-Strahlung den Fettverderb beschleunigt. Deshalb den Salat mit Kürbiskernöl immer gut beschatten, denn Sonnenlicht macht das Kernöl im Salat bitter. Und das passiert im Sommer beim Grillfest innerhalb von Minuten!

Das ist auch der Grund, warum Kürbiskernöl **immer** in dunklen Flaschen abgefüllt werden sollte.

Ebenso wie Sonnenlicht beschleunigen auch Wärme und Sauerstoff das Ranzigwerden. Deshalb die Kernölflasche immer wieder gut verschließen und vor Wärme geschützt aufbewahren.

In der Steiermark ist Kürbiskernöl ein Grundnahrungsmittel und kommt täglich auf den Salat. Es wird meist im Vorratsschrank aufbewahrt. Bei seltener Verwendung empfehlen wir die Lagerung im Kühlschrank. Allerdings entfaltet sich der Geschmack erst bei Zimmertemperatur, deshalb früh genug aus dem Kühlschrank nehmen.

Ein weiterer Tipp ist der Kauf von zwei kleinen Flaschen statt einer großen, weil das Öl durch die Reaktion mit Sauerstoff ranzig wird. Und in einer großen Flasche passt zum Ende hin schon sehr viel Sauerstoff rein.

Gut gelagert ist Kürbiskernöl mindestens 12 Monate haltbar, da die Kürbiskerne 2 Jahre lagerfähig sind und wir unser Steirisches Kürbiskernöl das ganze Jahr hindurch täglich frisch pressen.

Geöffnete Flaschen sollten innerhalb von 3 Monaten aufgebraucht werden, aber je kürzer die Lagerzeit, desto frischer und vollnussiger ist der Geschmack.

Was geschieht mit den Resten, die bei der Ölgewinnung übrigbleiben, also dem Kürbisfruchtfleisch und den Kernrückständen?

Da das Fruchtfleisch des reifen Ölkürbises nicht mehr essbar ist (nur der grüne unreife Ölkürbis ist zum Kochen geeignet), bleibt das Fruchtfleisch bei der Ernte am Feld liegen und dient als Dünger.

Bei der Ölpressung selbst entstehen in unserer Ölmühle so gut wie keine Abfallprodukte. Eine vollständige und damit umweltschonende Verwendung von Rohstoffen ist uns wichtig.

Der sogenannte Satz, das sind die abgesunkenen Schwebstoffe im Öl, der wird bei uns abgeholt und zu Biodiesel oder Seifen weiterverarbeitet.

Was dann noch übrig bleibt, ist der Trester oder Presskuchen, wie das bei uns heißt. Der Presskuchen wird hauptsächlich als Viehfutter verwendet, gewinnt aber auch als Eiweißlieferant für die menschliche Ernährung immer mehr an Bedeutung.

Zu einem sehr feinen Pulver gemahlen, ist das Kürbismehl besonders als Zugabe zu Müslis, Broten, Keksen, Nudelteigen, Aufstrichen und Pestos geeignet, kann aber auch als Paniermehl verwendet werden. Mit seinen mehr als 50 % Proteinanteil ist es ein sehr guter Eiweißlieferant, nicht nur für Sportler.

Der Geschmack ist vergleichbar mit gerösteten Kürbiskernen – feine nussige Röstnote mit einem Hauch von Salz. Das für den Pressvorgang notwendige Salz verbleibt im Presskuchen.

Als pflanzliche Eiweißquelle hat der Presskuchen auch einen sehr viel geringeren CO_2-Fußabdruck als zum Beispiel Rindfleisch.

Verraten Sie uns Ihr Lieblingsrezept mit Kürbiskernöl?

Wir Steirer lieben unser Kürbiskernöl und wir genießen es täglich. Der nussige Geschmack mit feinen Röstaromen erinnert an geröstete krosse Brotrinde und passt einfach zu allem.

»Sobald die Flasche Kürbiskernöl geöffnet wird, steigt der nussige Duft in die Nase. Da schließe ich automatisch die Augen und nehme einen tiefen Atemzug, Mhmhmhmh!«, kommt Ulrike Hamlitsch ins Schwärmen.

Unser Lieblingsrezept ist Vogerlsalat mit Kartoffeln dicht gefolgt von Vanilleeis mit Kürbiskernöl.

Vogerlsalat oder Rapunzel, wie es in Deutschland heißt, mit warmen Erdäpfeln, ein bisserl Knoblauch, ein paar gerösteten Kürbiskernen, vielleicht noch kurz angebratene Speckwürfel dazu, etwas Apfelessig und dunkelgrünes Steirisches Kürbiskernöl. Durch die warmen Kartoffeln ist der nussige Duft noch intensiver.

Nur das Geschmackserlebnis auf Zunge und Gaumen kann das noch toppen. Die frischen, zarten Blätter vom Salat kombiniert mit der cremigen Konsistenz von Kartoffel und Kernöl.

Ein Genuss für alle Sinne!

VANILLEEIS MIT KÜRBISKERNÖL

Für 4 Personen
Zubereitungszeit 20 Minuten
Kühlzeit etwa 45 Minuten

ZUTATEN

1 Vanilleschote
250 g süße Sahne
250 ml Milch
3 Eigelb
50 g Zucker
Salz
steirisches Kürbiskernöl

ZUBEREITUNG

Die Vanilleschote der Länge nach aufschneiden und das Mark mit dem Messerrücken auskratzen. Das Mark mit den Schotenhälften sowie der Sahne und der Milch in einen Topf geben. Die Mischung zum Kochen bringen.

Das Eigelb mit dem Zucker und 1 Prise Salz in einer Rührschüssel über einem heißen Wasserbad verrühren, bis sich der Zucker aufgelöst hat. Langsam die aufgekochte Vanille-Sahne-Mischung hinzugießen. Die Masse unter Rühren über dem heißen, nicht kochenden Wasserbad auf etwa 70 °C erhitzen, bis eine sämige Bindung entstanden ist. Dann die Masse zügig durch ein Sieb in eine Schüssel gießen und abkühlen lassen.

Anschließend die Masse in der Eismaschine zu cremigem Eis gefrieren. Zum Servieren das Eis zu Kugeln oder Nocken formen, in gekühlte Gläser geben und jeweils mit einem Schuss steirischem Kürbiskernöl übergießen.

STEIRISCHER KÄFERBOHNEN-SALAT

Für 2–3 Personen
Zubereitungszeit 10 Minuten

ZUTATEN

1 Dose steirische Käferbohnen
(Abtropfgewicht etwa 250 g)

1 Salatgurke

1 rote Spitzpaprika

1 Zwiebel

3 EL Apfelessig

3 EL steirisches Kürbiskernöl

Salz

frisch gemahlener schwarzer Pfeffer

2 EL fein geschnittene Schnittlauchröllchen

ZUBEREITUNG

Die Käferbohnen in einem Sieb abgießen, kurz abspülen, abtropfen lassen und in eine Salatschüssel geben. Die Gurke und die Paprika waschen. Die Paprika entkernen und beides würfeln. Die Zwiebel abziehen und in dünne Spalten schneiden. Das Frischgemüse zu den Dosenbohnen hinzufügen.

Apfelessig, Kürbiskernöl, 1–2 Prisen Salz und Pfeffer zugeben und vermengen. Den Salat anrichten und mit Schnittlauch bestreut servieren.

TIPP

- Statt Käferbohnen aus der Dose kann man auch getrocknete verwenden: Die getrockneten Bohnen über Nacht in reichlich kaltem Wasser einweichen. Am nächsten Tag abgießen und in der dreifachen Menge Wasser in etwa 1–1,5 Stunden weich kochen. Anschließend abgießen und nach Belieben weiter zubereiten, zum Beispiel zu diesem Käferbohnen-Salat.

- Man kann die Käferbohnen in dem Rezept außerdem durch andere Hülsenfrüchte ersetzen, wie zum Beispiel rote, schwarze oder weiße Bohnen sowie Kichererbsen.

KARTOFFELSALAT MIT POCHIERTEM EI

Für 4 Personen
Zubereitungszeit 30 Minuten plus
2 Stunden zum Durchziehen
Garzeit etwa 30 Minuten

ZUTATEN

1 kg festkochende Kartoffeln (Sorte Bamberger Hörnchen, Annabelle oder Goldmarie)
1 TL Kümmelsamen
1 Zwiebel
etwa 350 ml Gemüsebrühe
1 TL Rohrohrzucker
50 ml Weißweinessig plus mehr zum Pochieren
Salz
2 TL mittelscharfer Senf
4 Eier
1 Bund Schnittlauch
2 EL steirisches Kürbiskernöl

ZUBEREITUNG

Die Kartoffeln gründlich waschen, nicht schälen. Mit dem Kümmel in wenig Wasser in etwa 30 Minuten gar kochen.

Die Zwiebel abziehen und klein würfeln. Zwiebel, Gemüsebrühe, Zucker, Essig und 1 gestrichenen TL Salz in einem kleinen Topf aufkochen. Den Sud bei niedriger Temperatur 5 Minuten köcheln lassen.

Die fertig gegarten Kartoffeln abgießen, kurz kalt abschrecken und pellen. Noch warm in Scheiben schneiden und in eine Schüssel geben.

Den Sud stärker erhitzen. Dann vom Herd nehmen und den Senf einrühren. Die Sudmischung zu den Kartoffeln geben und vermengen. Den Kartoffelsalat abgedeckt 2 Stunden durchziehen lassen.

Kurz vor dem Servieren Wasser in einem Topf zum Kochen bringen. 1 TL Salz und einen Schuss Essig zugeben. Die Eier einzeln aufschlagen, in eine Kelle gleiten lassen und in das siedende Wasser geben. Mit einem Löffel das Eiweiß um das Eigelb legen und die Eier bei mittlerer Temperatur etwa 4–5 Minuten ziehen lassen (pochieren).

Inzwischen den Schnittlauch waschen, trockentupfen und in feine Röllchen schneiden. Das Kürbiskernöl und den Schnittlauch unter den Salat mischen. Die Eier aus dem Wasser heben, gut abtropfen lassen, auf dem Salat anrichten und alles servieren.

LEINDOTTERÖL

SORTE

Leindotteröl wird aus den Samen des Leindotters (*Camelia sativa*) gewonnen.

QUALITÄT

Ausschließlich kalt gepresst, hellgrüne bis goldgelbe Farbe, mild-nussig und fruchtig im Geschmack mit einem erbsigen, an Kräuter erinnernden Aroma. Nicht zum Erhitzen geeignet. Leindotteröl ist nicht zu verwechseln mit Leinöl (siehe Seite 138), das mit 6–8 Wochen Haltbarkeit nach Pressung deutlich schneller verbraucht werden muss. Leindotteröl ist ungeöffnet etwa 9 Monate haltbar.

VERWENDUNG

Kalt oder lauwarm, wobei das Öl nicht zum Erhitzen geeignet ist, es kann aber über fertige warme Speisen geträufelt werden. Typischerweise wird das Öl für Gemüse- und Blattsalate, Dressings, Dips, Spargel, Kartoffeln, Fisch, Kürbis, Hülsenfrüchte und Tofu verwendet.

WALDORFSALAT MIT LEINDOTTERÖL

Für 4 Personen
Zubereitungszeit 20 Minuten plus 2 Stunden
(oder über Nacht) zum Durchziehen

ZUTATEN

1 Sellerieknolle (etwa 500 g)

1 säuerlicher Apfel

1 Zitrone

3 EL Naturjoghurt

2 EL Leindotteröl

1 TL mittelscharfer Senf

1 EL Zucker plus 1 Prise mehr für die Marinade

Salz

50 g Walnusskerne

1 Bund Schnittlauch

ZUBEREITUNG

Den Sellerie gründlich waschen, schälen und in dünne Streifen schneiden. Das geht mit einem Sparschäler mit Julienneaufsatz besonders gut. Alternativ den Sellerie zunächst in dünne Scheiben hobeln und anschließend daraus Streifen schneiden. Den Apfel waschen, samt Schale um das Kerngehäuse herum in dünne Scheiben schneiden. Die Scheiben ebenfalls in Streifen schneiden. Den Saft der Zitrone auspressen. Den Sellerie und den Apfel mit dem Saft in einer Schüssel vermengen.

Den Joghurt, das Leindotteröl, den Senf, 1 Prise Zucker und 2–3 Prisen Salz zu einer Marinade verrühren. Den Salat damit vermengen und abgedeckt 2 Stunden oder über Nacht durchziehen lassen.

Die Walnusskerne etwas kleiner brechen und in einer Pfanne ohne Fettzugabe anrösten. 1 EL Zucker darüberstreuen und karamellisieren. Anschließend die Walnusskerne auf einem kleinen Stück Backpapier erkalten lassen.

Den Schnittlauch waschen, trockentupfen und in kleine Röllchen schneiden. Den Salat mit dem Schnittlauch und den Walnusskernen bestreuen und servieren.

ROTE-BETE-BULGUR-SALAT

Für 4 Personen
Zubereitungszeit 20 Minuten plus über Nacht
zum Durchziehen (nach Belieben)
Garzeit 20 Minuten

ZUTATEN

100 g feiner Bulgur (Weizengrütze)
1 Schalotte
1 Knoblauchzehe
500 g vakuumierte vorgegarte Rote Bete
1 größeres Bund Petersilie (etwa 70 g)
2 EL Leindotteröl
2 EL Apfelessig
2 TL Honig
Salz
frisch gemahlener schwarzer Pfeffer

ZUBEREITUNG

Den Bulgur in 200 ml warmem Wasser etwa 20 Minuten einweichen.

Inzwischen die Schalotte und den Knoblauch abziehen und klein hacken. Die Rote Bete klein würfeln. Die Petersilie waschen, trockentupfen, die Blätter abzupfen, die Stiele sehr fein schneiden und die Blätter hacken. Schalotte, Knoblauch, Rote Bete und Petersilie in eine Schüssel geben.

Den gequollenen Bulgur in einem Sieb abtropfen lassen und zur Gemüsemasse hinzufügen. Leindotteröl, Essig, Honig, ½ TL Salz sowie 2–3 Prisen Pfeffer zugeben und alles gründlich vermengen.

Den Salat entweder sofort auf Schalen verteilen und anrichten oder nach Belieben über Nacht im Kühlschrank durchziehen lassen und erst dann servieren.

KAROTTEN-KICHERERBSEN-AUFSTRICH

Für 4 Personen
Zubereitungszeit 20 Minuten

ZUTATEN

3 Karotten
1 TL mildes natives Olivenöl
1 TL Honig
1 Glas Kichererbsen
(Abtropfgewicht etwa 150 g)
1 Knoblauchzehe
1 Zitrone
1 TL Kreuzkümmelpulver
1 TL Kurkumapulver
Salz
4 EL Mandelmus
2 EL Leindotteröl

ZUM SERVIEREN

Brot oder Baguette

ZUBEREITUNG

Die Karotten waschen, schälen und klein schneiden. Das Olivenöl in einem kleinen Topf erhitzen. Die Karotten mit dem Honig in den Topf geben und darin anschwitzen. Mit einem Schuss Wasser ablöschen und die Karotten abgedeckt in der Flüssigkeit in 15 Minuten weich kochen. Am Ende den Deckel abnehmen und die verbliebene Flüssigkeit verkochen lassen.

Die Kichererbsen abgießen und in ein hohes Gefäß oder in den Standmixer geben. Den Knoblauch abziehen und hinzufügen. Den Saft der Zitrone auspressen. Die Karotten, die Gewürze, den Saft der Zitrone, 1 TL Salz und 75 ml kaltes Wasser zugeben und alles pürieren. Dann das Mandelmus hinzufügen und 1–2 Minuten weiter mixen, bis eine glatte, cremige Aufstrichpaste entstanden ist.

Den Karotten-Kichererbsen-Aufstrich in eine flache Schale füllen, Rillen in die Oberfläche ziehen und das Leindotteröl darüberträufeln. Mit Brot zum Dippen servieren.

LEINÖL

SORTE

Leinöl wird aus brauner Leinsaat *(Linum usitatissimum)*, den Samen des Flachs, gewonnen.

QUALITÄT

Ausschließlich kalt gepresst, mit einer goldgelben Farbe, ein intensiv nussiges und brotartiges Aroma ist typisch. Mit einer sehr geringen Haltbarkeit von 6–8 Wochen ab Pressung, das Öl muss also rasch verbraucht werden. Es sollte nach dem Kauf im Kühlschrank aufbewahrt werden. Je länger das Öl lagert, umso mehr Bitternoten entwickelt es. Schmeckt es ranzig oder sticht bei einer Gerichtsprobe in der Nase, ist es verdorben.

VERWENDUNG

Ausschließlich in der kalten Küche, für Salatdressings, Saucen, Dips und vorrangig Quarkzubereitungen. Aus Brandenburg und Schlesien stammt das Traditionsgericht Pellkartoffeln, Quark und Leinöl.

TIPP

In Brandenburg findet man noch Ölmühlen, die zum Direktabfüllen pressen. Eine absolute Empfehlung ist, frisch gepresstes Leinöl direkt von der Presse zu probieren.

PELLKARTOFFELN UND QUARK

Für 4 Personen
Zubereitungszeit 20 Minuten
Garzeit etwa 30 Minuten

ZUTATEN

1 kg neue Kartoffeln
1 Bund Schnittlauch
500 g Magerquark
250 g Sauerrahm oder süße Sahne
Salz
frisch gemahlener schwarzer Pfeffer
etwa 8 EL Leinöl

ZUBEREITUNG

Die Kartoffeln gründlich waschen und in der Schale in wenig Wasser in einem Topf gar kochen.

Den Schnittlauch waschen, trockentupfen und in feine Röllchen schneiden. Den Quark mit der sauren oder süßen Sahne, 1 TL Salz und etwas Pfeffer glatt rühren. Dann den Schnittlauch untermischen.

Die gar gekochten Kartoffeln abgießen. Zusammen mit dem Quark auf Teller verteilen. Zuletzt das Leinöl über den Quark träufeln und alles servieren.

INFO

- Frühkartoffeln besitzen eine zarte Schale und eignen sich somit bestens als Pellkartoffeln.
- Der Sauerrahm verleiht dem Quark eine leichte Säure; die süße Sahne ist zwar deutlich gehaltvoller, schafft aber eine wunderbare Cremigkeit.

TIPP

- Ideale Frühkartoffel-Sorten sind die festkochende Annabelle oder Glorietta.
- Außerhalb der Frühkartoffel-Saison können auch andere Kartoffeln verwendet werden. Dann ist es aber ratsam, die Pellkartoffeln vor dem Essen zu schälen, da die Schale fest und kein Genuss ist.

GEBACKENES MÜSLI MIT BEEREN

Für 4 Personen
Zubereitungszeit 15 Minuten
Backzeit 20 Minuten

ZUTATEN

1 TL neutrales Pflanzenöl (z. B. raffiniertes Rapsöl, Sonnenblumenöl)

2 Bananen (reif, braun, auch mit Druckstellen)

2 Eier

100 ml Milch (alternativ Nuss- oder Pflanzenmilch)

120 g kernige Getreideflocken (z. B. Hafer, Dinkel, Buchweizen)

1 TL Backpulver

1 EL Rohrohrzucker (oder etwas mehr oder weniger nach Belieben)

250 g Beeren (Sorte nach Wahl)

250 g Joghurt

4 TL Leinöl

ZUBEREITUNG

Den Backofen auf 175 °C Ober-/Unterhitze vorheizen. Eine Auflaufform (eckig 15 × 20 cm oder rund 20 cm ø) mit Pflanzenöl einfetten.

Die Bananen schälen und in einer Schüssel zu Mus zerdrücken. Die Eier, die Milch, die Getreideflocken, das Backpulver und den Rohrohrzucker untermischen. Das Müsli in die Form füllen und im vorgeheizten Backofen 20 Minuten backen.

Inzwischen die Beeren verlesen und kurz abbrausen.

Das fertig gebackene Müsli in Stücke teilen und auf Teller geben. Den Joghurt und die Beeren darüber verteilen, mit dem Leinöl beträufeln und alles servieren.

FRÜHSTÜCKSDRINK MIT MANGO

Für 2 Personen
Zubereitungszeit 10 Minuten

ZUTATEN

1 reife Mango
1 Zitrone
100 g Joghurt
4 EL Instant-Haferflocken
(Schmelzflocken oder aus Reis oder anderen Sorten, ohne Zusätze)
1 TL Honig
2 TL Leinöl

ZUBEREITUNG

Die Mango schälen, das Fruchtfleisch vom Kern schneiden und in ein hohes Gefäß oder in den Standmixer geben. Den Saft der Zitrone auspressen und hinzufügen. Den Joghurt, die Instant-Haferflocken, den Honig und 50 ml Wasser zugeben und pürieren.

Den Frühstücksdrink in zwei Gläser füllen. Das Leinöl daraufgeben und den Drink servieren.

MACADAMIANUSSÖL

SORTE

Das Öl wird aus den Nüssen des Macadamiabaumes (*Macadamia integrifolia*) gepresst. Die Nüsse haben eine sehr harte Schale, das Knacken ist daher besonders aufwendig. Vor dem Pressen werden die Kerne in der Schale getrocknet. Ursprünglich aus Australien stammend, wachsen Macadamiabäume inzwischen auch auf anderen Kontinenten. Trotz allem ist das Öl bei uns kaum bekannt.

QUALITÄT

Ausschließlich kalt gepresst, eine besondere Rarität und daher eher hochpreisig. Im Geschmack ist das Öl angenehm nussig, eher mild und etwas buttrig. Kühl und dunkel lagern und rasch verbrauchen.

VERWENDUNG

Ausschließlich für kalte Speisen, Salate, Salatsaucen, Dips. Vor allem zum finalen Beträufeln eines fertigen Gerichts eignet es sich ausgezeichnet, denn so bleibt das zarte Aroma des Öls bestehen.

KAROTTEN-HIRSE-PUFFER MIT RUCOLA

Für 4 Personen
Zubereitungszeit 20 Minuten plus 25 Minuten
zum Quellen- und Ruhenlassen
Garzeit 20 Minuten

ZUTATEN

120 g Goldhirse
2 TL Currypulver
350 ml Gemüsebrühe
3 Karotten
1 kleines Bund Petersilie
2 EL Kürbiskerne
1 Ei
3 EL zarte Haferflocken
Salz
80 g Rucola
½ Orange
2 EL Macadamianussöl
1 Prise Zucker
frisch gemahlener schwarzer Pfeffer
3 EL raffiniertes Rapsöl

ZUBEREITUNG

Die Goldhirse in einem Sieb lauwarm abspülen. Mit dem Currypulver und der Gemüsebrühe in einem Topf aufkochen. Dann abgedeckt bei mittlerer Temperatur 15 Minuten köcheln lassen. Anschließend vom Herd nehmen und weitere 15 Minuten abgedeckt quellen lassen.

Die Karotten waschen, schälen und fein raspeln. Die Petersilie waschen, trockentupfen und samt Stielen hacken. Die Kürbiskerne fein hacken. Die vorbereiteten Zutaten zur Hirse geben. Dann mit dem Ei, den Haferflocken und 1 TL Salz vermengen. Die Masse abgedeckt 10 Minuten ruhen lassen.

Inzwischen den Rucola waschen, trockenschleudern und in eine Schüssel geben. Den Saft der Orange auspressen und mit dem Macadamianussöl, 1 Prise Salz, Zucker und Pfeffer zu einem Dressing verrühren.

Aus der Hirsemasse zwölf Bällchen formen. Diese leicht platt drücken und im heißen Rapsöl in einer Pfanne beidseitig goldbraun und knusprig zu Puffern braten.

Die Puffer auf einer Platte verteilen. Den Rucola mit dem Dressing marinieren, auf die Puffer geben und alles servieren.

KOKOS-BIRNEN-SHAKE

Für 2 Personen
Zubereitungszeit 15 Minuten

ZUTATEN

2 reife, saftige Birnen
1 Limette
200 ml Kokosmilch
Honig oder Ahornsirup, Menge nach Belieben
6–8 Eiswürfel
2 TL Macadamianussöl

ZUBEREITUNG

Die Birnen waschen, schälen und entkernen. Den Saft der Limette auspressen. Das Birnenfruchtfleisch mit der Kokosmilch, dem Saft der Limette, etwas Honig oder Ahornsirup und den Eiswürfeln in einen Standmixer geben. Auf höchster Stufe pürieren.

Den Shake in zwei Gläser füllen und mit dem Macadamianussöl beträufelt servieren.

MAISKEIMÖL

SORTE

Das Öl stammt von der Maispflanze (*Zea mays*) und wird aus den Keimen der Maiskörner gepresst.

QUALITÄT

Kalt gepresst, hellgelb, mit einem nussigen Aroma, auch das Maisaroma kann man erschmecken.

Natives Maiskeimöl sollte nicht erhitzt werden, um die Inhaltstoffe zu erhalten. Leider ist es im Handel nur selten zu finden.

Raffiniertes Maiskeimöl ist neutral im Geschmack und sehr hellgelb.

VERWENDUNG

- Kalt gepresst für kalte Speisen, Salate, Dressings, Saucen, Dips und Aufstriche. Auch zum Beträufeln von zubereiteten Speisen ideal.
- Raffiniertes Maiskeimöl eignet sich zum Braten, Backen, Kochen, Frittieren, also allen warmen Zubereitungsarten.

RAUCHPUNKT

Raffiniertes Maiskeimöl 230 °C

INFO

Mit raffiniertem Maiskeimöl können alle Rezepte zubereitet werden, die in diesem Buch mit raffinierten Ölen zubereitet werden. Das folgende Rezept ist daher nur ein Beispiel für viele andere.

Maiskeimöl / 153

ZITRONEN-MOHN-SELTERWASSERKUCHEN

Für 12 Stücke | 1 Springform (22 cm ø)
Zubereitungszeit 15 Minuten
Backzeit etwa 45 Minuten

ZUTATEN

Öl für die Form nach Bedarf
2 Tassen Zucker
3 Tassen Mehl
½ Tasse gemahlener Mohn
1 Pck. Backpulver
2 unbehandelte Zitronen
1 Tasse Maiskeimöl plus mehr für die Form
4 Eier
1 Tasse Selterswasser (Mineralwasser mit Sprudel)
1 ½ Tassen Puderzucker

AUSSERDEM

1 Tasse, Fassungsvermögen etwa 200 ml, zum Abmessen

ZUBEREITUNG

Den Backofen auf 180 °C Ober-/Unterhitze vorheizen. Die Springform mit Öl einfetten oder den Boden mit Backpapier bespannen.

Den Zucker, das Mehl, den Mohn und das Backpulver in einer Schüssel mischen. Die Zitronen heiß waschen und gründlich trockentupfen, die Schale abreiben und in die Mehlmischung geben. Den Saft der Zitronen auspressen und die Hälfte davon (etwa 4 EL), das Maiskeimöl, die Eier und das Selterswasser hinzufügen. Alles gründlich mit dem Schneebesen per Hand oder mit dem Handrührgerät verrühren.

Den Teig in die vorbereitete Springform füllen und den Kuchen im vorgeheizten Backofen etwa 45 Minuten backen. Stäbchenprobe machen: Mit einem Holzstäbchen in die Mitte des Kuchens stechen. Wenn kein Teig mehr daran kleben bleibt, ist der Kuchen durch.

Den fertig gebackenen Kuchen aus dem Ofen nehmen und 10 Minuten abkühlen lassen. Anschließend den restlichen Zitronensaft (etwa 4 EL) mit dem Puderzucker zu einem Guss verrühren. Den Kuchen mehrfach mit einem Holzspieß einstechen und den Zitronenguss darüber verteilen.

Den Guss fest werden lassen. Den Kuchen in Stücke schneiden und servieren.

MANDELÖL

SORTE

Für Mandelöl werden die ölhaltigen Früchte (Steinfrüchte) des Mandelbaums (*Prunus dulcis*) gepresst. Hierzu dient die Süßmandel, die vorher getrocknet und geschält wird.

QUALITÄT

Kalt gepresst liefert das Mandelöl ein süßliches, sehr dezentes Mandelaroma. Es ist hellgelb und kann mild erhitzt werden.

Auch raffiniertes Mandelöl ist erhältlich, da ihm aber das feine Mandelaroma fehlt, verzichte ich in den Rezepten in diesem Buch auf die Verwendung.

VERWENDUNG

- Für alle kalten Zubereitungen, für Salate, Dressings, Saucen, Dips und Aufstriche
- Das Öl ist zwar auch zum milden Dünsten und Braten bei niedrigen bis mittleren Temperaturen geeignet, aber um das zarte Aroma vollständig zu erhalten, ist der Verwendung für kalte Zubereitungen der Vorzug zu geben.

ZIEGENFRISCHKÄSE MIT GEGRILLTEM PFIRSICH

Für 4 Personen
Zubereitungszeit 20 Minuten
Garzeit 10–15 Minuten

ZUTATEN

2 Pfirsiche
4 Scheiben Ziegenfrischkäse (als Taler)
2 TL Honig
1 Zweig Rosmarin
2 EL mildes natives Olivenöl
70 g Babyspinat
1 TL Apfelessig
3 EL Mandelöl
Salz
1 Prise Zucker
frisch gemahlener schwarzer Pfeffer

ZUBEREITUNG

Den Backofen auf 200 °C Ober-/Unterhitze vorheizen.

Die Pfirsiche waschen, halbieren und entsteinen. Die Hälften mit der Schnittfläche nach oben in eine Auflaufform legen. Sollten sie nicht gut »stehen«, die Rundung etwas begradigen. Den Ziegenkäse in die Pfirsichhälften legen und mit dem Honig beträufeln. Den Rosmarin waschen, trockentupfen und die Nadeln darüber abzupfen. Zuletzt alles mit 1 EL Olivenöl beträufeln. Die Pfirsiche im vorgeheizten Backofen 10–15 Minuten garen.

Inzwischen den Spinat waschen und trockenschleudern. Mit dem Apfelessig, 1 EL Mandelöl sowie 1 Prise Salz und Zucker marinieren.

Die Pfirsichhälften auf Teller setzen und mit Pfeffer würzen. Mit dem restlichen Mandelöl (2 EL) beträufeln, den Spinat locker daraufsetzen und alles servieren.

GEFÜLLTE MANDEL-CRÊPES

Für 4 Personen
Zubereitungszeit 30 Minuten

ZUTATEN

FÜR DIE CRÊPES

150 g Weizenmehl Type 405
3 Eier
300 ml Milch
1 Msp. Backpulver
Salz
Butter zum Braten
3 EL Mandelblättchen

FÜR DIE FÜLLUNG

4 EL getrocknete Kirschen
250 g Speisequark (20 % Fettgehalt)
2 EL Rohrohrzucker
1 EL echter Vanillezucker
1 TL getrocknete Minze
½ unbehandelte Orange
2 EL Mandelöl

ZUM SERVIEREN

Puderzucker zum Bestäuben

ZUBEREITUNG

Für die Crêpes das Mehl mit den Eiern, der Milch, dem Backpulver und 1 Prise Salz glatt zu einem Teig rühren. Diesen 15 Minuten ruhen lassen.

Inzwischen für die Füllung die getrockneten Kirschen fein hacken. Mit dem Quark, dem Rohrohrzucker, Vanillezucker und der fein zerriebenen Minze in einer Schüssel verrühren. Die Orange heiß waschen, gründlich trockentupfen, die Schale abreiben und zur Quarkmasse hinzufügen. Zuletzt das Mandelöl unterrühren.

Für jeweils einen Crêpe wenig Butter in einer Pfanne schmelzen, mit einigen Mandelblättchen bestreuen, eine Kelle Teig hineingeben und durch Schwenken gleichmäßig verteilen. Den Crêpe hell ausbacken, wenden, auf der anderen Seite ebenfalls kurz ausbacken und dann auf einen Teller geben. Nacheinander den Teig auf diese Weise verarbeiten und die Crêpes auf dem Teller übereinanderstapeln.

Die Crêpes mit der Füllung bestreichen, aufrollen, mittig halbieren und auf einer Platte anrichten. Mit Puderzucker bestäuben und servieren.

GERÖSTETES OFENGEMÜSE

Für 4 Personen
Zubereitungszeit 20 Minuten
Garzeit 20–25 Minuten

ZUTATEN

500 g bunte Karotten
1 Brokkoli (etwa 400 g)
2 Zucchini
2 rote Zwiebeln
3 EL mildes Olivenöl
Salz
1 TL Zucker
½ TL Zimtpulver
2 TL ungeschälte Sesamsaat
1 TL getrockneter Thymian
2 EL Mandelöl
Meersalzflocken
frisch gemahlener schwarzer Pfeffer

ZUM SERVIEREN NACH BELIEBEN

Feta oder Halloumi (Grillkäse)
Fladenbrot

ZUBEREITUNG

Den Backofen auf 180 °C Ober-/Unterhitze (160 °C Umluft) vorheizen.

Die Karotten, den Brokkoli und die Zucchini waschen und putzen beziehungsweise schälen. Die Karotten und Zucchini in fingerdicke Stifte schneiden. Den Brokkoli in Röschen teilen und den Strunk in Scheiben schneiden. Die Zwiebeln abziehen und in dickere Spalten schneiden. Das gesamte Gemüse mit dem Olivenöl, 1 ½ TL Salz, dem Zucker, dem Zimtpulver, dem Sesam und dem Thymian in einer großen Schale gründlich mischen. Dann die Mischung auf einem mit Backpapier ausgelegten Backblech verteilen und im vorgeheizten Backofen 20–25 Minuten garen.

Anschließend das Ofengemüse mit dem Mandelöl beträufeln und mit Meersalzflocken und Pfeffer verfeinern.

Nach Blieben mit Feta oder Halloumi und einem Fladenbrot servieren, so wird das Ofengemüse zu einem vegetarischen Hauptgericht.

TIPP

Das Ofengemüse schmeckt außerdem hervorragend als Beilage zu Fisch, Geflügel oder Fleisch.

MOHNÖL

SORTE

Das Öl wird aus den winzigen, dunklen Samen des Blaumohns oder Schlafmohns *(Papaver somniferum)* gepresst.

QUALITÄT

Ausschließlich kalt gepresst. Der intensive Mohnduft und -geschmack des Öls bleibt lange auf der Zunge. Das Öl ist goldgelb.

VERWENDUNG

Ausschließlich für kalte Zubereitungen, gleichermaßen für süße wie für herzhafte: Besonders geeignet ist das Öl dabei für Salate mit fruchtigen Komponenten sowie für Fisch und Geflügel, außerdem für herzhafte und süße Kartoffelgerichte, Eis und Cremes.

Mohnöl / 165

ERDBEER-PANCAKES

Für 4 Personen
Zubereitungszeit 15 Minuten
Garzeit 15 Minuten

ZUTATEN

275 g Weizenmehl Type 405

1 gestr. TL Natron

1 TL Vanillezucker (möglichst selbst gemacht)

Salz

220 g Buttermilch

2 Eier

2 EL Mohnöl

250 g Erdbeeren

150 g Himbeeren

raffiniertes Rapsöl zum Braten

ZUM SERVIEREN

Ahornsirup zum Beträufeln

ZUBEREITUNG

Das Mehl mit Natron, Vanillezucker und 1 Prise Salz in einer Schüssel mischen. Dann die Buttermilch, die Eier und das Mohnöl zugeben und alles zu einem Teig glatt rühren. Diesen 10 Minuten ruhen lassen.

Die Erdbeeren und Himbeeren verlesen, kurz abbrausen und die Erdbeeren putzen. Eine Pfanne erhitzen, dünn mit Rapsöl einfetten und den Teig mit einem Esslöffel portionsweise in die Pfanne geben. Jeweils zu etwa 10 cm großen Kreisen verstreichen und mit einigen halbierten Erdbeeren und Himbeeren belegen. Beidseitig zu hellbraunen Pancakes ausbacken und diese auf einer Platte übereinanderstapeln.

Die Pancakes mit Ahornsirup beträufeln und servieren.

LABNEH MIT ZITRONE

Für 4 Personen
Zubereitungszeit 20 Minuten plus
über Nacht zum Abtropfen

ZUTATEN

500 g Naturjoghurt (10 % Fettgehalt)
Salz
1 unbehandelte Zitrone
½ TL gemahlener Mohn
2 EL Mohnöl

AUSSERDEM

waschmittelfreies, sauberes Baumwolltuch
2 Stängel Kerbel
Brot, Baguette oder Fladenbrot zum Servieren

ZUBEREITUNG

Ein Sieb in eine Schüssel setzen und mit dem Baumwolltuch auslegen. Den Joghurt hineinfüllen und das Tuch oben zusammenfassen. Den Joghurt über Nacht im Kühlschrank abtropfen lassen.

Am nächsten Tag das Labneh aus dem Tuch in eine Schale umfüllen und mit etwas Salz würzen.

Die Zitrone heiß waschen, gründlich trockentupfen und die Schale mit einem Zestenreißer abziehen. Zitronenzesten, Mohn und Mohnöl auf dem Labneh verteilen.

Zum Anrichten die Kerbelblättchen darüber abzupfen und das Labneh mit Brot servieren.

KAROTTENSALAT MIT GERÖSTETEN SONNENBLUMENKERNEN

Für 4 Personen
Zubereitungszeit 20 Minuten plus mindestens 2 Stunden zum Durchziehen

ZUTATEN

6 Karotten
1 Schalotte
30 g Sonnenblumenkerne
1 TL Mohnsaat
2 EL Apfelessig
2 EL Mohnöl
1 TL Honig
Salz

ZUM SERVIEREN

2 EL Sprossen (Sorte nach Wahl, z. B. Alfalfa, Linsen, Erbsen)

ZUBEREITUNG

Die Karotten waschen, schälen und in dünne Scheiben hobeln. Die Schalotte abziehen und fein würfeln. Mit den Karotten in eine Schüssel geben.

Die Sonnenblumenkerne und die Mohnsaat in einer Pfanne ohne Fettzugabe anrösten. Dann zu der Karottenmasse hinzufügen.

Die Mischung mit dem Apfelessig, dem Mohnöl, dem Honig und 2 Prisen Salz marinieren. Den Salat abgedeckt mindestens 2 Stunden durchziehen lassen.

Anschließend den Karottensalat auf Schalen verteilen, die Sprossen darüberstreuen und servieren.

OLIVENÖL

SORTE

Das Öl wird aus den Früchten des Ölbaums (*Olea europaea L.*), den uns wohlbekannten und sehr beliebten Oliven, gepresst. Je nach Klima und Sorte variiert der Geschmack des Olivenöls sehr.

QUALITÄT

Natives Olivenöl und Olivenöl nativ extra sind kalt gepresst, ihr Farbspektrum reicht von hellgrün bis intensiv grün. Geschmacklich variieren Olivenöle sehr, ihr Aroma geht von fein-fruchtig, mild-fruchtig über grasig bis hin zu deutlichen Bitternoten.

VERWENDUNG

Für kalte und warme Zubereitungen: Salate, Dips und Aufstriche, kalte und warme Suppen, Dünsten und Anbraten bei mittleren Temperaturen. Kalte Speisen vorrangig mit der höchsten Qualitätsstufe »extra nativ« zubereiten.

In der Einleitung auf Seite 9–10 finden Sie weitere Informationen zum Olivenöl.

OLIVENÖLKUCHEN MIT ZITRONENSTREUSELN

Für 1 Kastenform (Länge 20–22 cm)
Zubereitungszeit 20 Minuten
Backzeit 45–50 Minuten

ZUTATEN
FÜR DIE STREUSEL

1 unbehandelte Zitrone
50 g Rohrohrzucker
50 g kalte Butter
75 g Dinkelmehl Type 630

FÜR DEN TEIG

125 g Rohrohrzucker
Salz
2 Eier
200 g Joghurt
125 ml natives Olivenöl plus mehr für die Form nach Bedarf
200 g Dinkelmehl Type 630
2 TL Backpulver

ZUBEREITUNG

Den Backofen auf 175 °C Ober-/Unterhitze vorheizen. Die Kastenform einfetten oder mit Backpapier auslegen.

Für die Streusel die Zitrone heiß waschen, gründlich trockentupfen und die Schale fein abreiben. Den Saft auspressen und für den Teig beiseitestellen. Den Zitronenabrieb mit Zucker, Butter und Mehl zwischen den Fingern zu Streuseln verreiben und diese kalt stellen.

Für den Teig den Zucker mit 1 Prise Salz und den Eiern in der Küchenmaschine 3 Minuten schaumig schlagen. Dann den Joghurt mit dem beiseitegestellten Zitronensaft, dem Olivenöl, dem Mehl und dem Backpulver zu den aufgeschlagenen Eiern geben und gründlich unterrühren.

Den Teig in die Kastenform füllen. Die Streusel gleichmäßig darüber verteilen. Den Kuchen im vorgeheizten Backofen 45–50 Minuten backen. Stäbchenprobe machen: Mit einem Holzstäbchen in die Mitte des Kuchens stechen. Wenn kein Teig mehr daran kleben bleibt, ist der Kuchen durch.

Den fertig gebackenen Kuchen 20 Minuten in der Form abkühlen lassen. Anschließend aus der Form lösen und vollständig abkühlen lassen. In Stücke schneiden und servieren.

FOCACCIA MIT OLIVENÖL

Für 1 Backblech
Zubereitungszeit 20 Minuten
Gehzeit 2 Stunden 30 Minuten
Backzeit 15 Minuten pro Blech

ZUTATEN

15 g frische Hefe

1 TL Zucker

700 g Weizenmehl Type 550 plus mehr zum Bearbeiten

15 g Salz

80 ml Olivenöl plus 2–3 EL mehr für das Blech

2–3 EL Hartweizengrieß

grobes Meersalz zum Bestreuen

ZUBEREITUNG

Die Hefe mit 450 ml lauwarmem Wasser und dem Zucker in einer Rührschüssel verrühren. Das Mehl dazusieben und alles in der Küchenmaschine auf niedriger Stufe 10 Minuten verkneten. Dann das Salz zugeben und 2 Minuten weiter kneten. Anschließend die Hälfte des Olivenöls langsam hinzufügen und weitere 3–4 Minuten unterkneten. Den Teig abgedeckt bei Zimmertemperatur 2 Stunden gehen lassen.

Ein Backblech mit 2–3 EL Olivenöl einfetten und mit dem Grieß bestäuben. Nach der Gehzeit den Teig auf das Backblech gleiten lassen und auf Größe des Backblechs ausziehen. Dann abgedeckt weitere 30 Minuten gehen lassen.

Den Backofen kurz vor Ende der Gehzeit auf 230 °C Ober-/Unterhitze vorheizen.

Das restliche Olivenöl (40 ml) mit den Fingerspitzen auf dem Teig verteilen und gleichzeitig die typischen Focaccia-Vertiefungen hineindrücken. Zuletzt alles mit grobem Meersalz bestreuen. Die Focaccia im vorgeheizten Backofen 20 Minuten backen.

Anschließend die Focaccia abkühlen lassen, in Stücke schneiden und servieren

TIPP

Zum Abdecken des Teiges ein umgedrehtes Backblech verwenden.

GAZPACHO – KALTE SPANISCHE GEMÜSESUPPE

Für 4 Personen
Zubereitungszeit 20 Minuten plus
2 Stunden zum Durchziehen

ZUTATEN

2 Tomaten
1 rote Paprikaschote
1 gelbe Paprikaschote
1 Salatgurke
1 Zwiebel
2 Knoblauchzehen
Salz
2 EL Rotweinessig
1 TL Zucker
frisch gemahlener schwarzer Pfeffer
2 Scheiben Toastbrot

AUSSERDEM

1 Baguette
natives Olivenöl zum Anrösten und Beträufeln
4 EL klein gewürfeltes Gemüse (Gurke, Paprikaschote, Tomate)
1–2 Stängel Basilikum

ZUBEREITUNG

Die Tomaten, die Paprikaschoten und die Gurke waschen. Die Tomaten halbieren und den Blütenansatz entfernen. Die Samen und weißen Trennwände der Paprika entfernen. Das vorbereitete Gemüse in Stücke schneiden. Die Zwiebel und den Knoblauch abziehen und klein schneiden. Alles mit 1 TL Salz, dem Essig, dem Zucker und 2–3 Prisen Pfeffer in einer Schale marinieren. Die Mischung abgedeckt 2 Stunden durchziehen lassen.

Kurz vor dem Anrichten das Baguette in Scheiben schneiden. Die Scheiben in etwas Olivenöl in einer Pfanne von beiden Seiten braun anrösten.

Zuletzt die fertig marinierte Gemüsemischung zusammen mit dem Toastbrot im Standmixer fein pürieren.

Die Gazpacho auf kleine Schalen oder Gläser verteilen und mit etwas Olivenöl beträufeln. Mit dem klein gewürfelten Gemüse, abgezupften Basilikumblättern und dem gerösteten Baguette servieren.

IN OLIVENÖL POCHIERTER SKREI MIT GRÜNEM ERBSENPÜREE

Für 4 Personen
Zubereitungszeit 20 Minuten
Garzeit 20–25 Minuten

ZUTATEN

etwa 500 ml natives Olivenöl

4 Skreifilets à 200 g, ohne Haut und Gräten

3 Sternanis

3 Knoblauchzehen

5 Zweige Thymian

750 g TK-Erbsen

150 ml Gemüsebrühe

Meersalzflocken

frisch gemahlener schwarzer Pfeffer

½ Zitrone

ZUBEREITUNG

Das Olivenöl etwa 3 cm hoch in einen Topf einfüllen und auf dem Herd auf 60–65 °C erhitzen, die Temperatur mit einem Thermometer überprüfen. Alternativ das Öl in einer Ofenform (3 cm hoch) bei 65 °C Ober-/Unterhitze im Backofen erwärmen.

Die Skreifilets trockentupfen und in das Öl legen. Bei Bedarf Öl nachgießen, sodass die Filets bedeckt sind. Den Sternanis entweder im Mörser etwas zerstoßen oder mit den Fingern in Stücke brechen. Die Knoblauchzehen halbieren. Den Sternanis mit dem Knoblauch und dem Thymian zum Fisch geben. Die Filets im 60–65 °C heißen Olivenöl (die Temperatur mit einem Küchenthermometer überprüfen) 20–25 Minuten gar ziehen lassen (pochieren).

2 EL von dem Olivenöl abnehmen, in einem Topf erhitzen und die Erbsen darin anschwitzen. Dann mit der Gemüsebrühe ablöschen und abgedeckt 10 Minuten leise köcheln lassen. Anschließend die Erbsen grobstückig pürieren. Mit Meersalzflocken, Pfeffer und 1 Spritzer Saft der Zitrone würzen. Zuletzt weitere 3–4 EL Olivenöl (vom Pochieren des Fisches) unterrühren.

Das stückige Erbsenpüree auf Teller verteilen, den Fisch aus dem Öl heben und darauflegen. Mit Meersalzflocken und etwas Pfeffer gewürzt servieren.

TIPP

Das übrige Olivenöl vom Pochieren durch ein Tuch seihen, dabei die Flüssigkeit, die sich am Topfboden abgesetzt hat, wegwerfen. Das abgeseihte Olivenöl abkühlen lassen. Im Kühlschrank aufbewahren und innerhalb 1–2 Wochen verbrauchen. Das Öl eignet sich für andere Fischzubereitungen, Suppen, Saucen oder Gemüsegerichte.

TAPENADE – OLIVENAUFSTRICH

Für 1 Schraubglas à 250 g
Zubereitungszeit 15 Minuten

ZUTATEN

10 in Öl eingelegte Sardellen
50 g kleine Kapern
1 kleine Knoblauchzehe
250 g entsteinte schwarze Oliven (Sorte Taggiasca)
200 ml natives Olivenöl

ZUBEREITUNG

Die Sardellen und Kapern in einem Sieb gut abtropfen lassen. Den Knoblauch abziehen.

Die Oliven mit den Kapern, den Sardellen, dem Knoblauch und dem Olivenöl in der Küchenmaschine pürieren. In Intervallen arbeiten und die Zutaten von den Seiten bei Bedarf nach unten schieben. Je nach Pürierzeit wird die Tapenade stückig oder sehr fein.

Die Tapenade in das saubere Schraubglas füllen und im Kühlschrank aufbewahren. 2–3 Wochen haltbar.

INFO

Oliven der Sorte Taggiasca sind nicht geschwärzt, olivbraun und intensiv würzig.

AIOLI – KNOBLAUCHMAYONNAISE

Für 4–6 Personen
Zubereitungszeit 10 Minuten

ZUTATEN

3–4 Knoblauchzehen
Salz
1 frisches Eigelb
150 ml natives Olivenöl

ZUBEREITUNG

Zubereitung mit Mörser: Den Knoblauch abziehen. Zusammen mit ½ TL Salz im Mörser fein zerreiben. Das Eigelb zugeben und mit dem Stößel verrühren. Zuletzt das Öl in einem dünnen Strahl zugießen und stetig mit dem Stößel unterrühren, bis eine cremige Mayonnaise entstanden ist.

Zubereitung ohne Mörser: Die abgezogenen Knoblauchzehen auf dem Küchenbrett mit dem Messerrücken zerdrücken. Das Salz zugeben und zu einer Paste vermischen. Die Knoblauch-Salz-Mischung mit dem Eigelb in eine Schale geben. Dann das Öl langsam einlaufen lassen und mit einem Schneebesen verrühren.

Die Aioli sofort servieren.

TIPP

Die Aioli entweder einfach zu frischem Baguette genießen oder als Dip zu Fisch, Gemüse, Hähnchen oder Kartoffeln servieren. Auch als Sauce zum Grillen ist sie ein Genuss.

PALMÖL

SORTE

Sowohl Früchte als auch Kerne der Ölpalme (*Elaeis guineensis*) dienen zum Pressen für Palmöl. Es zählt weltweit zu den Spitzenreitern in der Ölproduktion und steht stets in der Kritik, da Rodungen der Wälder für neue Palmölplantagen keine Seltenheit sind.

QUALITÄT

Kalt gepresst hat das Öl eine orangerote Farbe und ist flüssig. Leicht fruchtig-frische Aromen kommen zur Geltung. Es kann zum Braten bei mittlerer Temperatur, Dünsten und Kochen verwendet werden. Das typische Orange bleibt bei der Zubereitung erhalten.

Raffiniertes Palmöl ist bei Zimmertemperatur oder im Kühlschrank fest, schmilzt beim Erhitzen aber schnell, ist dann farb- und geschmacksneutral.

VERWENDUNG

- Kalt gepresst zum Dünsten, Braten im Wok und Kochen, aber auch für kalte Zubereitungen. Das Öl ist gut mit asiatischen Aromen kombinierbar.
- Raffiniert lässt sich Palmöl zum Braten, Frittieren und Backen verwenden.

RAUCHPUNKT

Raffiniertes Palmöl 220 °C

INFO

Neben dem Öl gibt es auch Palmkernfett. Es wird aus den Kernen der Palmfrüchte gewonnen und ist gut zu vergleichen mit dem weißen, festen Kokosfett.

SPINAT-KICHERERBSEN-PFANNE

Für 4 Personen
Zubereitungszeit 20 Minuten
Garzeit 15 Minuten

ZUTATEN

1 kg Blattspinat
2 Zwiebeln
2 Knoblauchzehen
2 EL natives rotes Palmöl
1 TL Kreuzkümmelpulver
1 TL edelsüßes Paprikapulver
2 EL Tatli Biber salçasi
(milde Paprikapaste)
400 g gegarte Kichererbsen aus dem Glas
(Abtropfgewicht ca. 260 g)
Salz
frisch gemahlener schwarzer Pfeffer

ZUM SERVIEREN

300 g Naturjoghurt

ZUBEREITUNG

Den Spinat waschen, trockenschleudern und nicht zu fein hacken. In eine Schale geben und beiseitestellen.

Die Zwiebeln und den Knoblauch abziehen. Das Palmöl in einem Topf erhitzen und Zwiebeln sowie Knoblauch darin braun anbraten. Danach den Kreuzkümmel, das Paprikapulver und Tatli Biber salçasi zugeben. Unter Rühren kurz anrösten. Dann mit 200 ml Wasser ablöschen und die Flüssigkeit bei mittlerer Temperatur sämig einkochen.

Anschließend die Kichererbsen abgießen und unterrühren. Alles mit Salz und Pfeffer würzen. Den Spinat hinzufügen und unter Rühren einige Minuten zusammenfallen lassen.

Die Spinat-Kichererbsen-Pfanne auf Teller verteilen und mit dem Naturjoghurt servieren.

TIPP

Passende Ölalternativen sind hier geröstetes Sesam- oder Erdnussöl sowie Kokosöl.

ASIATISCHER COLESLAW

Für 4 Personen
Zubereitungszeit 20 Minuten
plus 2–3 Stunden zum Durchziehen

ZUTATEN

1 Spitzkohl
2 Karotten
1 Stück Ingwer (fingerdick, 3 cm)
2 Limetten
3 EL natives rotes Palmöl
2 EL Ahornsirup
Salz

ZUM SERVIEREN

1 TL Sesamsaat
1 TL Schwarzkümmelsamen

ZUBEREITUNG

Den Spitzkohl waschen, halbieren, den Strunk herausschneiden und die Hälften in dünne Streifen schneiden. Die Karotten waschen, schälen und fein raspeln. Den Ingwer schälen und fein reiben. Den Saft der Limetten auspressen.

Spitzkohl, Karotten, Ingwer, Palmöl, Limettensaft, Ahornsirup und ½ TL Salz in einer Schüssel kräftig durchkneten. Den Salat 2–3 Stunden durchziehen lassen.

Zum Servieren den Coleslaw auf Schalen verteilen und mit dem Sesam sowie dem Schwarzkümmel bestreuen.

TIPP

Passende Ölalternativen sind hier Argan-, Kirschkern-, geröstetes Sesam- oder Kürbiskernöl.

PFLAUMENKERNÖL

SORTE

Aus den Kernen der Steinfrüchte der heimischen Pflaume gepresst. Die Kerne, optisch wie Mandeln, werden nach dem Trocknen aus den harten Schalen gelöst und kalt gepresst.

QUALITÄT

Ausschließlich als kalt gepresstes Öl erhältlich, mit feinem Marzipanaroma. Es ist gelb und schmeckt leicht süßlich.

VERWENDUNG

Ausschließlich kalt: für Dressings, Dips, Aufstriche und kalte Saucen. Das zarte Aroma nach Marzipan macht das Öl dabei zum idealen Begleiter für Süßspeisen, Fruchtsalate, aber auch für Geflügel, Fisch, Quarkspeisen oder Gebackenes.

Pflaumenkernöl / 193

INTERVIEW MIT DER ÖLMÜHLE SOLLING

Was zeichnet (für Sie) ein gutes Öl aus?

Die Rohware für ein gutes Öl sollte Bio-Qualität haben – wir beziehen Ölsaaten und Nüsse konsequent aus anerkannt ökologischem Anbau, mit wenigen Ausnahmen wie etwa Bucheckern aus Wildsammlung. Zudem muss die frische Rohware nach der Ernte richtig gelagert werden. Auch ist die Kaltpressung entscheidend, um die wertvollen Inhaltsstoffe zu schützen. In unserer Manufaktur arbeiten wir mit kleinen Spindelpressen und können niedrige Presstemperaturen zwischen 35 und 40 Grad garantieren. Ein gutes Öl sollte einen arttypischen Geschmack aufweisen. Zu den sensorischen Parametern gehören außerdem die Farbe, die Optik und der Geruch.

Sie führen einen Familienbetrieb – was macht die Arbeit in Ihrer Mühle aus?

Ich definiere Familienbetrieb so, dass ich jede Mitarbeiterin und jeden Mitarbeiter persönlich kenne und mich regelmäßig mit ihr oder ihm austausche. Wir haben derzeit rund 65 Mitarbeiter, von denen einige schon seit der Gründung der Ölmühle Solling vor etwa 25 Jahren dabei sind. Das macht uns als Unternehmen enorm stolz. Für uns als Familienbetrieb stehen die Werte Menschlichkeit, Fairness, Offenheit und Vertrauen im Fokus. Zudem legen wir großen Wert auf einen kollegialen und wertschätzenden Umgang untereinander. Unser Ziel ist es, auch künftig ein attraktiver Arbeitgeber im Weserbergland zu sein. Wir wollen eine Arbeitsumgebung bieten, in der sich alle für den Erfolg des Unternehmens verantwortlich fühlen, einbringen können und gehört werden.

In Ihrem Sortiment findet man zahlreiche eher unbekannte Öle, wie Bucheckernöl oder Granatapfelkernöl. Lässt sich aus jedem Kern, jeder Nuss oder Saat ein Öl pressen?

Grundsätzlich sind alle Samen, Kerne und Saaten, die Öl enthalten, zur Herstellung eines Öls geeignet. In der Regel sind für uns eine besondere Sensorik oder wertvolle ernährungsphysiologische Werte für die Pressung eines Öls ausschlaggebend. Ein schönes Beispiel ist unser Senföl – dieses bringt beide Aspekte zusammen. Einerseits hat es einen sehr überraschenden Geschmack, andererseits enthält Senföl zirka 14 g pro 100 g Omega-3-Fettsäuren. Zudem weist Senföl ein ausgewogenes Verhältnis von Omega-3- zu Omega-6-Fettsäuren auf.

Sollte man auf Bioqualität zurückgreifen? Wenn ja, wieso?

Auf jeden Fall. Öle sind nicht nur als Geschmacksträger bekannt, sie sind auch sehr anfällig für öllösliche Kontaminanten. Unerwünschte Begleitstoffe können Pestizide, Insektizide, Herbizide, Weichmacher und Umweltkontaminanten sein. Während die meisten Wirkstoffe im Anbau von Bio-Ölsaaten nicht zugelassen sind, liegen die Grenzwerte bei konventionellen Ölen weit höher. Unsere Bio-Produkte werden von externen, akkreditierten Fachlaboren auf ihre Rückstandfreiheit und hohe Qualität geprüft.

Woran erkennt man ein hochwertiges Öl?

Wichtig sind ein Bio-Zertifikat sowie ein plausibles Mindesthaltbarkeitsdatum. Ein Öl ist keinesfalls mehrjährig haltbar, einige Öle wie Leinöl gar nur einige Wochen. Zudem sollte ein Öl keine Bitterkeit oder Fehlgeschmäcker aufweisen. Bei Ölen gilt: Sie mögen keine UV-Strahlung, sie mögen keinen Sauerstoff und sie mögen keine Wärme. Wenn man die Öle vor diesen drei Faktoren schützt, bleiben sie lange frisch und gehaltvoll.

Welches Speiseöl passt wozu?

Das ist grundsätzlich natürlich eine Frage des Geschmacks. Es gilt zu unterscheiden, ob ein Öl besonders hitzestabil sein, eine besondere Sensorik aufweisen oder hohe ernährungsphysiologische Werte haben soll. Ich nenne Ihnen gerne ein paar Beispiele: Unser Bratöl und unser Kokosöl sind sehr hoch erhitzbar, eignen sich also optimal zum Braten und Frittieren. Unser Kürbiskernöl, Walnussöl und Senföl zeichnen sich durch einen besonderen und teils überraschenden Geschmack aus. Unser Leinsamenöl hat einen besonders hohen Gehalt an Alpha-Linolensäure, die über die Hälfte der Fettsäuren des Öls stellt. Alpha-Linolensäure ist eine pflanzliche Omega-3-Fettsäure, die als essenzielle Fettsäure für den Stoffwechsel des Körpers als bedeutsam gewertet wird. Wir unterscheiden die Bio-Öle unseres Sortiments grundsätzlich in Speiseöle, Würzöle und Vitalöle.

Bei der riesigen Auswahl heute – welche zwei Sorten sind für Sie die Allrounder in der Küche?

Ich möchte Ihnen gerne drei Sorten nennen: Chiliöl, Leinöl und Olivenöl. Das Chiliöl gehört für mich zu jedem Essen dazu, so kann ich meine Speisen nach Belieben würzen, ohne dass meine Familie scharf essen muss. Das Öl kombiniert Chilischoten mit mühlenfrisch kalt gepresstem Rapsöl aus kontrolliert biologischem Anbau. Die Rapssaat kommt aus der Heimatregion, dem Weserbergland. Täglich nutze ich zudem unser Leinöl als Butterersatz – das nehme ich sogar mit in den Urlaub. Leinöl gehört zu den beliebtesten Produkten unserer Kunden. Zudem ist es ein besonderes Öl, aufgrund der darin enthaltenen Omega-3-Fettsäuren, es besteht zu zirka 50 Prozent aus Alpha-Linolensäure. Nicht zuletzt schätze ich das Öl aufgrund seines feinen Geschmacks, es schmeckt wie ein mildes Walnussöl. Zum Kurzbraten darf unser Olivenöl aus Italien nicht fehlen, es hat eine tolle fruchtige Note und ist reich an einfach ungesättigten Fettsäuren.

Warum wird Olivenöl teilweise bitter, wenn man es mixt oder aufschlägt?

Das liegt daran, dass Öle oxidieren. Der natürliche Oxidationsprozess wird durch das Einschlagen von Luft beschleunigt. Das verkürzt die Haltbarkeit des Öls erheblich.

DATTEL-INGWER-DIP

Für 4–6 Personen
Zubereitungszeit 10 Minuten

ZUTATEN

400 g Frischkäse
4 EL Milch
4 entsteinte Datteln
50 g Walnusskerne
1 Stück Ingwer (fingerdick, 2 cm)
Salz
frisch gemahlener schwarzer Pfeffer
2 EL Pflaumenkernöl

ZUBEREITUNG

Den Frischkäse mit der Milch, den Datteln und den Walnusskernen in die Küchenmaschine geben. Den Ingwer schälen und dazureiben. Alles mit Salz sowie Pfeffer würzen und in der Küchenmaschine zerkleinern und vermengen, bis die Masse eine dipartige Konsistenz hat.

Anschließend den Dip mit dem Pflaumenkernöl verrühren, in eine Schüssel umfüllen und servieren.

INFO

Süß und mit einer leichten Schärfe vom Ingwer, rundet die Marzipannote des Pflaumenkernöls den Dip zu einem orientalischen Genuss ab.

TIPP

- Passende Ölalternativen sind hier Haselnuss-, Walnuss-, Kirschkern-, Kürbiskern-, Argan- oder Aprikosenkernöl.
- Zu dem Dip Baguette oder Fladenbrot und Rohkost reichen.

SPEKULATIUSCREME MIT KUMQUATS

Für 4 Personen
Zubereitungszeit 20 Minuten
Garzeit 15 Minuten

ZUTATEN

250 g Kumquats
2 EL Zucker
1 Orange
½ Zimtstange
1 Zitrone
250 g Magerquark
250 g Mascarpone
2 EL Pflaumenkernöl
2–3 EL Zucker
5 Gewürzspekulatius

ZUBEREITUNG

Die Kumquats waschen, längs halbieren, entkernen und in Scheiben schneiden. Den Zucker in einem kleinen Topf karamellisieren. Die Kumquats zugeben und erhitzen. Den Saft der Orange auspressen und die Kumquatmasse damit ablöschen. Zuletzt die Zimtstange zugeben. Das Kompott bei niedriger Temperatur 10 Minuten leise köcheln lassen. Anschließend abkühlen lassen.

Den Saft der Zitrone auspressen. Den Quark mit dem Mascarpone, dem Saft der Zitrone, dem Pflaumenkernöl und dem Zucker zu einer Creme glatt rühren. Die Spekulatius in die Creme bröseln und unterheben.

Die Spekulatiuscreme in vier Dessertgläser füllen und das abgekühlte Kompott darauf verteilen. Nach Belieben kurz kalt stellen oder direkt servieren.

TIPP

Passende Ölalternativen sind hier Haselnuss-, Walnuss-, Argan-, Kirschkern-, Aprikosenkern- oder Mohnöl.

RAPSÖL

SORTE

Die Rapspflanze *(Brassica napus)*, die mit ihren kleinen Samenkörnern in unseren Breiten auf zahlreichen gelb leuchtenden Feldern im Frühling nicht zu übersehen ist, liefert sowohl natives als auch raffiniertes Rapsöl.

QUALITÄT

Natives Rapsöl ist intensiv gelb, ebenso intensiv im Geschmack, dabei fruchtig, leicht nussig und würzig.

Raffiniertes Rapsöl ist hellgelb und geschmacksneutral.

VERWENDUNG

- Natives Rapsöl wird für kalte Speisen oder zum Erwärmen bei milder Temperatur verwendet. Speziell Salatsaucen, Dips, Aufstriche, Kartoffelgerichte, Eierspeisen, Spargel ergänzt das intensiv schmeckende Öl sehr gut.

- Raffiniertes Rapsöl lässt sich hoch erhitzen und eignet sich für alle Brat- und Kochzubereitungen. Es ist ein echter Allrounder und durch den Anbau in Deutschland eine nachhaltige Sorte ohne weite Transportwege.

RAUCHPUNKT

Raffiniertes Rapsöl: 204 °C

VINAIGRETTE FÜR JEDEN TAG – AUF VORRAT

Für 1 Schraubflasche à 500 ml
Zubereitungszeit 10 Minuten

ZUTATEN

200 ml milder Essig (max. 5 % Säure)

5 TL mittelscharfer Senf

2–3 TL Zucker

Salz

200 ml raffiniertes Rapsöl

100 ml natives Rapsöl

ZUBEREITUNG

Den Essig mit dem Senf, dem Zucker und 1 TL Salz in einer Schüssel verrühren, bis sich Zucker und Salz aufgelöst haben. Dann beide Ölsorten zugeben und verrühren.

Die Vinaigrette in die Flasche füllen und verschließen. Im Kühlschrank aufbewahrt ist sie mindestens 2 Wochen haltbar. Vor dem Entnehmen die Flasche schütteln.

TIPP

- Zum Verfeinern des Öls können zum Beispiel getrocknete Kräuter wie 1 TL Dill, Petersilie, Oregano, Kräutermischungen oder 1 Msp. Knoblauchgranulat oder getrocknete Zwiebeln hinzugefügt werden.

- Für die lange Haltbarkeit und die Vorratshaltung enthält die Vinaigrette keine frischen Zutaten wie Knoblauch oder Zwiebeln. Diese können bei Verwendung frisch zur jeweiligen Menge Vinaigrette dazugegeben werden.

- Passende Ölalternativen und -varianten: Für einen milderen Geschmack ausschließlich raffiniertes Rapsöl verwenden. Intensiver und schön gelb wird das Dressing mit einer Gesamtmenge von 300 ml nativem Rapsöl. Das Rezept kann außerdem hervorragend mit anderen Kombinationen abgeändert werden, wie zum Beispiel mit raffiniertem Rapsöl und nativem Distelöl im Verhältnis 2:1 oder mit raffiniertem Rapsöl und Traubenkernöl im Verhältnis 2:1. Auch ausschließlich natives Olivenöl passt sehr gut. Generell kann das raffinierte Rapsöl auch durch ein anderes raffiniertes Öl ersetzt werden.

BASIS-MAYONNAISE MIT EI

Für 250 g
Zubereitungszeit 15 Minuten

ZUTATEN

1 Eigelb
1 TL mittelscharfer Senf
200 ml raffiniertes Rapsöl
Salz
½ Zitrone

ZUBEREITUNG

Das Eigelb mit dem Senf in einer Schüssel verrühren. Das Öl tröpfchenweise zugeben und unterrühren, bis eine feincremige Mayonnaise entstanden ist. Die Mayonnaise mit Salz und einem Spritzer Saft der Zitrone würzen.

Alternativ Eigelb und Senf in ein hohes Gefäß geben. Dann das Öl daraufgießen. Mit dem Stabmixer am Boden des Gefäßes zu mixen beginnen und den Mixstab langsam nach oben ziehen, bis alle Zutaten emulgiert sind. Zuletzt mit Salz und etwas Saft der Zitrone abschmecken.

TIPP

Diese Mayonnaise ist neutral im Geschmack und kann für beliebige Zubereitungen dienen, etwa norddeutschen Kartoffelsalat, Eiersalat, Remoulade oder Sauce Tartare. Sie kann mit Kräutern, Gewürzen, Knoblauch sowie Sojasauce abgeschmeckt werden. Für eine leichtere Variante die fertige Mayonnaise im Verhältnis 1 : 1 mit Joghurt oder Sauerrahm mischen.

BASIS-MAYONNAISE OHNE EI

Für 250 g
Zubereitungszeit 10 Minuten

ZUTATEN

50 ml Milch oder vegane Alternative
(z. B. Mandel-, Soja-, Haferdrink)
1 TL mittelscharfer Senf
(nach Wahl vegan)
200 ml raffiniertes Rapsöl
Salz
½ Zitrone

ZUBEREITUNG

Die Milch oder vegane Alternative mit dem Senf in ein hohes Gefäß geben. Das Öl daraufgießen und die Zutaten mit dem Stabmixer vom Boden des Gefäßes nach oben ziehend emulgieren. Zuletzt die Mayonnaise mit Salz und einem Spritzer Saft der Zitrone würzen.

TIPP

Diese eifreie Alternative zur klassischen Mayonnaise kann wie oben im Tipp beschrieben variiert werden.

QUARKSPITZEN

Für etwa 20 Stück
Zubereitungszeit 20 Minuten
Garzeit 15 Minuten

ZUTATEN

125 g Magerquark

30 g Zucker

1 EL Vanillezucker (möglichst selbst gemacht)

1 Ei

Salz

½ unbehandelte Zitrone

5 EL Milch

200 g Weizenmehl Type 405

2 Msp. Natron

etwa 500 ml raffiniertes Rapsöl

Zucker zum Wenden

ZUBEREITUNG

Den Quark mit Zucker, Vanillezucker, Ei und 1 Prise Salz in eine Schüssel geben. Die Zitrone heiß waschen, gründlich trockentupfen, die Schale abreiben und hinzufügen. Alles schaumig rühren. Nach und nach die Milch zugeben. Zuletzt das Mehl und das Natron unterrühren, bis ein glatter Teig entstanden ist.

Raffiniertes Rapsöl 3–4 cm hoch in einen Topf einfüllen und auf etwa 160–170 °C erhitzen. Die Temperatur lässt sich mit einem hineingehaltenen Holzspieß testen – steigen rasch kleine Bläschen daran auf, ist das Öl heiß genug.

Mit einem Teelöffel portionsweise Stücke vom Teig abstechen und in das heiße Öl geben. Die Teiglinge beidseitig braun ausbacken. Anschließend mit einer Schaumkelle herausheben, in einem Sieb abtropfen lassen und noch heiß in Zucker wenden.

Die Quarkspitzen sofort frisch ausgebacken servieren.

KARTOFFEL-SPARGEL-SALAT MIT PANCETTA

Für 4 Personen
Zubereitungszeit 20 Minuten
Garzeit 20–25 Minuten

ZUTATEN

500 g festkochende Salatkartoffeln (Sorte Bamberger Hörnchen)
1 Bund weißer Spargel
1 Bund grüner Spargel
2 Schalotten
250 ml Gemüsebrühe
1 TL körniger Senf
2 EL Apfelessig
½ TL Zucker
Salz
frisch gemahlener schwarzer Pfeffer
2 EL natives Rapsöl
1 Bund Schnittlauch
100 g Pancetta

ZUBEREITUNG

Die Kartoffeln waschen, in der Schale knapp mit Wasser bedeckt in 20–25 Minuten weich garen.

Inzwischen den Spargel waschen, die weißen Stangen ganz schälen, die grünen Stangen im unteren Drittel schälen. Alle Spargelstangen leicht schräg in dünne Scheiben schneiden.

Die Schalotten abziehen und würfeln. Die Gemüsebrühe aufkochen. Schalotten, Senf, Essig, Zucker und 1 TL Salz zugeben und alles zu einer Marinade verrühren.

Die Kartoffeln pellen und in Scheiben schneiden. Den Spargel und die Kartoffeln mit der heißen Marinade vermengen. Zuletzt den Salat mit Pfeffer würzen und das Rapsöl unterrühren.

Den Schnittlauch waschen, trockentupfen und in feine Röllchen schneiden. Den Pancetta in einer Pfanne ohne Fett knusprig braten. Anschließend abkühlen lassen und in Stücke brechen. Den Salat mit den Stücken und dem Schnittlauch bestreuen und servieren.

OFEN-SAIBLING MIT KIRSCHTOMATEN

Für 4 Personen
Zubereitungszeit 20 Minuten
Garzeit 30 Minuten

ZUTATEN

4 Saiblingsfilets, mit Haut, à 200 g
4 Zweige Thymian
2 Knoblauchzehen
½ unbehandelte Zitrone
300 g Kirschtomaten
100 ml natives Rapsöl
Meersalzflocken
frisch gemahlener schwarzer Pfeffer

ZUBEREITUNG

Den Backofen auf 80 °C Ober-/Unterhitze vorheizen.

Die Saiblingsfilets trockentupfen, auf Gräten untersuchen und diese entfernen. Den Thymian waschen und trockentupfen. Den Knoblauch abziehen und in Scheiben schneiden. Die Zitrone heiß waschen, gründlich trockentupfen und die Schale mit einem Sparschäler in Streifen abziehen. Die Filets samt Thymian, Knoblauch und Zitronenschalen in eine flache Ofenform geben.

Die Kirschtomaten waschen, halbieren und um die Fischfilets verteilen. Das Rapsöl darübergießen und den Fisch im vorgeheizten Backofen 30 Minuten garen.

Das Filet von der Haut lösen und mit einem Teil des Öls auf Teller verteilen. Mit Salz und Pfeffer würzen. Die Kirschtomaten dazugeben und alles servieren.

TIPP

Zum Ofen-Saibling mit Kirschtomaten beispielsweise Gnocchi, Kartoffelpüree oder Salzkartoffeln reichen. Auch einfach nur ein Salat und Brot passen hervorragend zu diesem aromatischen Gericht.

SCHWARZKÜMMELÖL

SORTE

Schwarzkümmelöl wird aus den Samen des Schwarzkümmels (*Nigella sativa*) gewonnen. Die schwarzen Samen, die namentlich nicht mit dem uns bekannten Kümmel verwandt sind, gehören zur Familie der Hahnenfußgewächse.

QUALITÄT

Die Samen des Schwarzkümmels werden schonend kalt gepresst. Schwarzkümmelöl wird nur in der kalten Küche und sehr sparsam verwendet. Wird das Öl nicht filtriert, ist es intensiv-würzig, mit leichten Bitternoten und Gerbstoffen. Filtriertes Schwarzkümmelöl ist hellgelb und schmeckt weniger intensiv als das unfiltrierte, enthält aber dennoch die typischen Aromen der schwarzen Samen.

VERWENDUNG

Ausschließlich kalt: für Salatsaucen, Dips, Aufstriche, kalte Saucen oder zum Beträufeln von fertig zubereiteten Speisen. Zubereitungen mit Hülsenfrüchten oder auch in Kombination mit Früchten harmonieren geschmacklich sehr gut mit Schwarzkümmelöl. Einige wenige Tropfen Öl reichen aus. Schwarzkümmelöl kann alternativ mit einem anderen, eher neutralen Öl im Verhältnis 3:1 gemischt werden, dann schmeckt es milder.

GEMÜSE-TEMPURA MIT SCHWARZKÜMMEL-MAYONNAISE

Für 4 Personen
Zubereitungszeit 20 Minuten
Garzeit 10 Minuten

ZUTATEN
FÜR DIE MAYONNAISE

½ Zitrone
1 Eigelb
1 TL milder Senf
180 ml raffiniertes Rapsöl
1 EL Schwarzkümmelöl
1 TL Schwarzkümmelsamen
Salz
Cayennepfeffer

FÜR DIE TEMPURA

50 g Weizenmehl Type 405 plus mehr zum Wenden
50 g helles Reismehl
(alternativ Weizenstärke)
1 gestr. TL Backpulver
Salz
4–5 Eiswürfel
1 kleiner Brokkoli
2–3 Stangen Sellerie
3 Karotten
1 gelbe Zucchini
etwa 500 ml raffiniertes Rapsöl

ZUBEREITUNG

Für die Mayonnaise den Saft der Zitrone auspressen. Das Eigelb mit dem Senf in einer Schüssel verrühren. Das Rapsöl tröpfchenweise zugeben und mit dem Schneebesen emulgieren. Die entstandene Mayonnaise mit Schwarzkümmelöl, -samen, etwas Salz, Zitronensaft und Cayennepfeffer verrühren. Zuletzt noch einmal abschmecken.

Für die Tempura den Teig vorbereiten. Dazu beide Mehlsorten mit dem Backpulver in einer Schüssel mischen. 1 Prise Salz und 120 ml kaltes Wasser unterrühren. Die Eiswürfel auf die Teigmasse geben. Den Teig 10 Minuten ruhen lassen, dabei ab und an die schmelzenden Eiswürfel einrühren.

Brokkoli, Sellerie, Karotten und Zucchini waschen und putzen. Die Karotten schälen. Das gesamte Gemüse in etwa 4–5 cm lange, mundgerechte Stücke schneiden. Das Öl 3–4 cm hoch in einen Topf einfüllen und auf 160–170 °C erhitzen. Das Öl ist heiß genug, wenn an einem hineingehaltenen Holzstäbchen rasch kleine Bläschen aufsteigen.

Die Gemüsestücke jeweils zunächst in Mehl wenden, überschüssiges Mehl abschütteln. Dann durch den Teig ziehen und im heißen Öl frittieren. Die Stücke mit der Schaumkelle herausheben und in einem Sieb abtropfen lassen.

Die Gemüse-Tempura sofort heiß mit der Mayonnaise servieren.

LINSEN-APFEL-SALAT

Für 4 Personen
Zubereitungszeit 20 Minuten
Garzeit etwa 30 Minuten

ZUTATEN

200 g Beluga-Linsen
1 Zwiebel
2 säuerliche Äpfel
1 kleine Zucchini
3 EL weißer Balsamico
3 EL Apfelsaft
½ TL Zimtpulver
½ TL Kreuzkümmelpulver
Salz
frisch gemahlener schwarzer Pfeffer
3 EL Schwarzkümmelöl

ZUBEREITUNG

Die Linsen in einem Sieb abspülen, in der dreifachen Menge Wasser aufkochen und dann in etwa 30 Minuten gar kochen. Anschließend abgießen und in eine Schüssel geben.

Die Zwiebel abziehen und würfeln. Die Äpfel waschen, entkernen und klein würfeln. Die Zucchini waschen, Enden abschneiden und das Fruchtfleisch ebenso klein würfeln. Zwiebel, Äpfel und Zucchini zu den Linsen hinzufügen.

Alles mit Balsamico, Apfelsaft, Zimt, Kreuzkümmel, ½ TL Salz und 2–3 Prisen Pfeffer marinieren. Zuletzt das Schwarzkümmelöl unterrühren und den Salat 30 Minuten ziehen lassen.

Anschließend den Salat auf Schalen verteilen und servieren.

TIPP

Passende Ölalternativen sind hier Hanf-, Distel-, Avocado-, Granatapfelkern- oder Traubenkernöl.

BROTSALAT MIT ROGGEN, SAUERKRAUT UND TRAUBEN

Für 4 Personen
Zubereitungszeit 20 Minuten
Garzeit 5 Minuten

ZUTATEN

4–5 dicke Scheiben Roggenbrot
3 EL mildes natives Olivenöl
50 g Walnusskerne
200 g rohes Sauerkraut
250 g blaue Trauben
2 EL Schwarzkümmelöl
Salz
frisch gemahlener schwarzer Pfeffer
Zucker oder Honig, Menge nach Bedarf
1 Bund Schnittlauch

ZUBEREITUNG

Das Brot würfeln, mit dem Olivenöl beträufeln und in einer Pfanne anrösten. Am Ende der Röstzeit die Walnüsse zugeben und kurz mit anrösten. Dann die Brot-Walnuss-Mischung in eine Salatschüssel umfüllen.

Das Sauerkraut mit einer Gabel auflockern und nach Belieben auf dem Küchenbrett ein- bis zweimal hacken. Die Trauben waschen und halbieren. Sauerkraut und Trauben zur Brotmischung geben.

Den Brotsalat mit dem Schwarzkümmelöl, 2–3 Prisen Salz und Pfeffer sowie Zucker oder Honig nach Bedarf marinieren.

Den Schnittlauch waschen, trockentupfen, in kleine Röllchen schneiden und über den Salat streuen. In Schalen anrichten und servieren.

INFO

Rohes Sauerkraut, also der fermentierte Weißkohl, kann sehr säuerlich sein. Daher wird der Salat mit Zucker oder Honig nach Bedarf abgeschmeckt. Essig in der Marinade ist nicht nötig, da ausreichend Säure vom Sauerkraut kommt.

TIPP

Passende Ölalternativen sind hier Hanf-, Distel-, Traubenkern-, Kürbiskern- oder Bucheckernöl.

SESAMÖL

SORTE

Das Öl aus den Samen der Sesampflanze (*Sesamum indicum*) ist raffiniert oder kalt gepresst erhältlich. Zusätzlich können die Sesamsamen vor dem Pressen geröstet werden und liefern dann ein intensiv schmeckendes Öl.

QUALITÄT

Ungeröstetes, kalt gepresstes Sesamöl ist hellgelb und leicht nussig mit deutlichem, aber nicht hervorstechendem Sesamaroma.

Aus gerösteten Sesamsamen gepresstes Öl ist bernsteinfarben bis dunkelbraun, das Sesamaroma ist dominant, aber sehr angenehm und leicht süßlich.

Raffiniertes Sesamöl ist hellgelb, geschmacksneutral und kann hoch erhitzt werden.

VERWENDUNG

- Kalt gepresst – ob geröstet oder ungeröstet – in kalten oder mäßig warmen Zubereitungen. Zum Dünsten und Braten bei mittleren Temperaturen. Saucen, Dips, Dressings, allen voran asiatischen Gerichten gibt das geröstete Öl einen typischen Touch.

- Raffiniertes Sesamöl kann wie diverse raffinierte Öle zum Braten oder Frittieren verwendet werden.

RAUCHPUNKT

Raffiniertes Sesamöl: 177 °C

GLASNUDELN MIT SHRIMPS

Für 4 Personen
Zubereitungszeit 20 Minuten
Garzeit 10 Minuten

ZUTATEN

100 g Glasnudeln
250 g Champignons
1 kleine Stange Lauch
1 Süßkartoffel
3 EL geröstetes Sesamöl
Salz
150 g Shrimps (kleine Garnelen; gepult)
1 Limette
1 TL Chiliflocken
3 EL Sojasauce
frisch gemahlener schwarzer Pfeffer

ZUBEREITUNG

Die Glasnudeln in einer Schüssel mit kochendem Wasser übergießen und 5 Minuten ziehen lassen beziehungsweise nach Packungsangabe garen. Anschließend abgießen und ein- bis zweimal mit einer Küchenschere zerschneiden.

Die Champignons trocken abreiben und in Scheiben schneiden. Den Lauch der Länge nach halbieren, gründlich waschen und trockenschütteln. Die Lauchstange zunächst in 4 cm lange Stücke, anschließend in dünne Streifen schneiden. Die Süßkartoffel waschen, schälen und in Streifen mit 0,5 cm Kantenlänge schneiden.

2 EL Sesamöl in einer Pfanne erhitzen. Die Süßkartoffelstreifen darin 2–3 Minuten anbraten und gut salzen. Dann die Champignons und Lauchstreifen zugeben und weitere 3–4 Minuten garen.

Das Gemüse zu den Glasnudeln geben. Die Shrimps kurz kalt abspülen, abtropfen lassen und ebenfalls hinzufügen.

Den Saft der Limette auspressen. Den Salat mit dem restlichen Sesamöl (1 EL), Chiliflocken, dem Saft der Limette und der Sojasauce vermengen. Mit Salz und Pfeffer abschmecken.

Den Salat nach Belieben im Kühlschrank ziehen lassen oder sofort servieren.

TIPP

Auch wenn bei diesem Rezept das Röstaroma des Sesams im Öl für den Geschmack entscheidend ist, kann alternativ geröstetes Erdnussöl verwendet werden: Es ist nicht ganz so dominant, passt jedoch geschmacklich ebenso.

KNUSPRIGE BLUMENKOHLBÄLLCHEN AUF JOGHURTSAUCE

Für 4 Personen
Zubereitungszeit 20 Minuten plus
etwa 20 Minuten zum Durchziehen
Garzeit 10 Minuten

ZUTATEN

1 kleiner Blumenkohl (etwa 300 g)
1 Zwiebel
1 Knoblauchzehe
75 g zarte Haferflocken
Salz
3–4 EL Kichererbsenmehl
1 TL Kurkumapulver
1 TL Korianderpulver
½ TL Zimtpulver
frisch geriebene Muskatnuss
Semmelbrösel zum Wenden
5 EL geröstetes Sesamöl
1 Limette
300 g Joghurt
2 TL Pul Biber (milde Paprikaflocken)
je 2 Stängel Petersilie, Dill und Koriander

ZUBEREITUNG

Den Blumenkohl samt Stiel waschen und in grobe Stücke teilen. Falls der Stiel außen sehr holzig ist, diese Stellen abschneiden. Die Zwiebel und den Knoblauch abziehen und vierteln. Den Blumenkohl, die Zwiebel und den Knoblauch in der Küchenmaschine mit Schneidmesser kurz und in Intervallen grob häckseln.

Dann die Haferflocken, 1 TL Salz, das Kichererbsenmehl, Kurkuma, Koriander, Zimt sowie 2 Prisen Muskatnuss zugeben und alles gründlich vermengen. Die Masse abgedeckt etwa 20 Minuten durchziehen lassen. In dieser Zeit zieht der Blumenkohl Wasser, die Haferflocken und das Kichererbsenmehl binden es.

Anschließend aus der Masse Bällchen formen. Diese in Semmelbröseln wenden und etwas flach drücken. Das Sesamöl in einer Pfanne erhitzen und die Bällchen darin beidseitig goldbraun braten.

Inzwischen den Saft der Limette auspressen. Den Joghurt mit 3 EL Wasser, dem Saft der Limette, den Paprikaflocken und etwas Salz würzen und auf einer Platte verteilen.

Die Kräuter waschen, trockentupfen und die Blätter abzupfen. Die Bällchen auf der Joghurtsauce verteilen und mit Petersilie, Dill und Koriander bestreut servieren.

GEBRATENE MIENUDELN

Für 4 Personen
Zubereitungszeit 20 Minuten
Garzeit 10 Minuten

ZUTATEN

1 gelbe Paprikaschote
1 rote Paprikaschote
1 Zucchini
2 Karotten
4 Frühlingszwiebeln
250 g Mienudeln
1 rote Chilischote
1 Knoblauchzehe
1 Limette
1 EL Sambal Oelek
3 EL Sojasauce
1 EL Ahornsirup
3 EL geröstetes Sesamöl
2 Eier
Salz
frisch gemahlener schwarzer Pfeffer
½ Bund Koriander

ZUBEREITUNG

Die Paprika waschen, halbieren, Samen und weiße Trennwände entfernen und die Schoten in Streifen schneiden. Die Zucchini und Karotten waschen, putzen beziehungsweise schälen und in Streifen schneiden. Die Frühlingszwiebeln waschen, putzen, zunächst die Stangen dritteln und dann der Länge nach halbieren.

Die Mienudeln in einer Schüssel mit kochendem Wasser übergießen, 10 Minuten ziehen lassen und anschließend abgießen beziehungsweise nach Packungsangabe zubereiten.

Die Chilischote waschen, nach Belieben die Samen für weniger Schärfe entfernen. Den Knoblauch abziehen und zusammen mit der Chilischote klein hacken.

Den Saft der Limette auspressen. Das Sambal Oelek mit der Sojasauce, dem Ahornsirup und dem Saft der Limette zu einer Sauce verrühren.

Das Sesamöl in einer großen Pfanne erhitzen und das Gemüse inklusive Knoblauch und Chili darin bei hoher Temperatur unter regelmäßigem Wenden etwa 5 Minuten anbraten. Anschließend die Mienudeln zugeben und untermischen. Die Sauce darübergießen und alles vermengen.

Eine Hälfte des Pfannenbodens frei schieben. Die beiden Eier aufschlagen, in die freie Fläche geben und unter Rühren stocken lassen. Dann das Rührei unter die Nudel-Gemüse-Masse mengen. Mit Salz und Pfeffer würzen. Zuletzt den Koriander waschen, trockentupfen, hacken und untermengen.

Die gebratenen Mienudeln in Schalen anrichten und servieren.

SOJAÖL

SORTE

Eine weltweit bekannte Ölpflanze ist die Sojapflanze (*Glycine max*), die durch Pressen der enthaltenen Sojabohnen ein neutrales Öl liefert.

QUALITÄT

Kalt gepresst besitzt das hellgelbe Öl eine leicht erbsige Note und ist eher mild.

Raffinierte Sojaöle sind blassgelb mit neutralem Geschmack.

VERWENDUNG

- Kalt gepresstes Sojaöl wird in der kalten Küche verwendet und nur leicht erhitzt. Dünsten ist hier eine sehr gängige Garmethode, da man dabei im unteren Temperaturbereich arbeitet. Der milde Geschmack macht das Öl zum Begleiter vieler Zubereitungen, es sticht nicht hervor.
- Das raffinierte Öl eignet sich zum Braten, Kochen, Backen und Frittieren, ebenso für kalte Zubereitungen, die ein neutral schmeckendes Öl voraussetzen, etwa Mayonnaise.

RAUCHPUNKT

Raffiniertes Sojaöl: 220 °C

KARTOFFEL-INGWER-SUPPE

Für 4 Personen
Zubereitungszeit 20 Minuten
Garzeit 30 Minuten

ZUTATEN

750 g mehligkochende Kartoffeln
2 Karotten
1 Zwiebel
2 Knoblauchzehen
1 Stück Ingwer (4 cm, fingerdick)
2 EL Sojaöl
1 TL edelsüßes Paprikapulver
2 TL Kurkumapulver
Salz
150 g süße Sahne
2 TL Currypaste (Sorte nach Wahl)
frisch gemahlener schwarzer Pfeffer
4 Stängel Koriander

ZUBEREITUNG

Die Kartoffeln und Karotten waschen, schälen und in kleine Stücke schneiden. Die Zwiebel und den Knoblauch abziehen, den Ingwer schälen und alle drei klein hacken. Das Sojaöl in einem Topf erhitzen und Zwiebel, Knoblauch sowie Ingwer darin braun anbraten. Das Paprika- und Kurkumapulver darüberstreuen und kurz mit anrösten. Die Kartoffeln und Karotten zugeben. Mit 1 l Wasser aufgießen und 1 TL Salz hinzufügen. Die Suppe aufkochen und abgedeckt bei mittlerer Temperatur 30 Minuten köcheln lassen.

Inzwischen die Sahne in einer Schüssel mit dem Schneebesen leicht schaumig schlagen. Die Currypaste unterrühren.

Die fertig gegarte Suppe mit dem Stabmixer fein pürieren. Zuletzt mit Salz und Pfeffer würzig abschmecken.

Den Koriander waschen, trockentupfen und klein zupfen. Die Suppe auf Schalen verteilen, mit der Currysahne verfeinern, mit dem Koriander bestreuen und servieren.

TIPP

Passende Ölalternativen sind hier jeweils raffiniertes Sonnenblumen-, Raps- oder Erdnussöl.

HERING IN SENF UND ZWIEBELN EINGELEGT

Für 4 Personen
Zubereitungszeit 20 Minuten plus über Nacht oder 1–2 Tage zum Durchziehen

ZUTATEN

8 gesalzene Doppel-Heringsfilets
2 rote Zwiebeln
1 TL Koriandersaat
½ TL schwarze Pfefferkörner
4 EL mittelscharfer Senf
100 ml Sojaöl

ZUBEREITUNG

Die Heringsfilets in 3 cm breite Stücke schneiden. Die Zwiebeln abziehen und in Ringe schneiden.

Den Koriander und die Pfefferkörner im Mörser zerstoßen. Dann unter den Senf rühren.

Den Hering abwechselnd mit den Zwiebelringen in eine Form einschichten, dabei jede Lage Fisch mit der Senfmischung einstreichen. Zuletzt das Öl aufgießen, bis der Fisch gut bedeckt ist.

Den Hering über Nacht oder 1–2 Tage durchziehen lassen und dann servieren.

TIPP

Den eingelegten Hering ganz einfach und klassisch mit Brot servieren.

LAMMHÜFTE IN EARL GREY MIT GESCHMORTER ROTER BETE

Für 4 Personen
Zubereitungszeit 20 Minuten
Garzeit 20–25 Minuten

ZUTATEN

Salz
½ TL Zucker
1 TL schwarze Pfefferkörner
2 TL loser Earl-Grey-Tee (alternativ 2 Teebeutel)
4 Lammhüften à etwa 80 g (Lammnüsschen)
1 kg Rote-Bete-Knollen
1 unbehandelte Orange
3 EL Sojaöl
2 TL Ahornsirup
2 Sternanis
200 ml Rotwein
frisch gemahlener schwarzer Pfeffer

ZUBEREITUNG

1 TL Salz, Zucker, Pfefferkörner und Earl-Grey-Tee im Mörser zu einer Gewürzmischung zerstoßen. Die Lammhüften trockentupfen und jedes Stück in drei gleich dicke Scheiben schneiden. Die Scheiben in der Gewürzmischung wenden und abgedeckt beiseitestellen.

Die Rote Bete waschen, mit Handschuhen schälen und in mundgerechte Stücke schneiden. Die Orange heiß waschen, gründlich trockentupfen, die Schale fein abreiben und den Saft auspressen. 1 EL Sojaöl in einem Topf erhitzen. Die Rote-Bete-Stücke darin anbraten. Dann den Ahornsirup, Orangenabrieb und Sternanis zur Bete geben. Mit dem Saft der Orange ablöschen, etwa 150 ml Wasser angießen, leicht salzen und das Gemüse abgedeckt 20–25 Minuten schmoren.

Das restliche Sojaöl (2 EL) in einer Pfanne erhitzen und die Lammhüften darin von allen Seiten anbraten. Mit dem Rotwein ablöschen und abgedeckt bei niedriger Temperatur 3–4 Minuten rosa garen. Anschließend das Fleisch aus der Pfanne nehmen und abgedeckt warm stellen. Den Pfannensud einige Minuten sämig zu einer Sauce einkochen.

Die Rote Bete mit Salz und Pfeffer abschmecken und auf Teller verteilen. Die Lammhüften dazulegen, mit der Sauce beträufeln und alles sofort heiß servieren.

TIPP

Passende Ölalternativen sind hier raffiniertes Raps-, Sonnenblumen- oder Erdnussöl sowie geröstetes Sesam- oder Erdnussöl.

SONNENBLUMENÖL

SORTE

Sonnenblumenöl gewinnt man aus den Samen der Sonnenblume, die Kerne erfreuen sich auch als Knabberzeug oder in Salaten größter Beliebtheit.

QUALITÄT

Kalt gepresst ist Sonnenblumenöl intensiv gelb, schmeckt fruchtig und typisch nach Sonnenblumenkernen.

Raffiniert ist das Öl geschmacksneutral und blassgelb.

VERWENDUNG

- Kalt gepresstes Öl kann für Salatsaucen, kalte Vorspeisen, Dips, Aufstriche, Quarkspeisen, Gemüse- und Hülsenfruchtsalate verwendet werden.

- Raffiniertes Sonnenblumenöl eignet sich zum Braten, Kochen, Frittieren, aber auch für kalte Zubereitungen, die geschmacklich keine zusätzlichen Aromen benötigen. Es ist vielseitig verwendbar.

RAUCHPUNKT

Raffiniertes Sonnenblumenöl: 225 °C

SPANISCHE CHURROS MIT HEISSER SCHOKOLADE

Für 4 Personen
Zubereitungszeit 30 Minuten
Garzeit 15 Minuten

ZUTATEN

75 g Butter
Salz
300 g Weizenmehl Type 405
3 Eier
etwa 1 l raffiniertes Sonnenblumenöl
200 g süße Sahne
80 g Zartbitterschokolade

ZUBEREITUNG

Die Butter mit 450 ml Wasser und 2 Prisen Salz in einem Topf aufkochen. Das Mehl einstreuen und alles glatt rühren. Die Masse unter Rühren einige Minuten abbrennen, bis sich am Topfboden ein weißer Belag bildet. Den Topf vom Herd nehmen und die Masse etwa 5 Minuten stehen lassen.

Dann die Eier einzeln mit einem Holzlöffel oder den Schneebesen des Handrührers jeweils 1 Minute unterrühren. Die Teigmasse sollte schön glänzend sein. Zuletzt den Brandteig in einen Spritzbeutel mit großer Sterntülle füllen.

Das Sonnenblumenöl in einem Topf auf etwa 160–170 °C erhitzen. Den Brandteig in das heiße Fett spritzen, dabei nach jeweils 10 cm mit einem Messer abteilen. Die Teiglinge 1–2 Minuten goldbraun und knusprig zu Churros ausbacken. Anschließend die Churros auf Küchenpapier abtropfen lassen.

Die Sahne in einem Topf erhitzen. Die Schokolade darin schmelzen und die Mischung glatt rühren.

Die Churros sofort frisch ausgebacken mit der heißen Schokolade servieren.

TIPP

Passende Ölalternativen sind hier raffiniertes Soja-, Raps- oder Erdnussöl.

FALAFEL MIT TAHIN-DIP

Für 4 Personen
Zubereitungszeit 20 Minuten plus über Nacht bzw. 12–14 Stunden zum Einweichen plus 30 Minuten zum Durchziehen
Garzeit 20 Minuten

ZUTATEN

FÜR DIE FALAFELN

300 g getrocknete Kichererbsen
2 Knoblauchzehen
1 TL Kreuzkümmelsamen
½ Bund Petersilie
½ Bund Koriander
1 TL Kurkumapulver
½ TL edelsüßes Paprikapulver
Salz
ca. 1 l Sonnenblumenöl

FÜR DEN TAHIN-DIP

½ Zitrone
250 g Naturjoghurt
2 EL Tahin (Sesammus)
1 Msp. Cayennepfeffer
Salz

ZUBEREITUNG

Für die Falafeln die Kichererbsen über Nacht beziehungsweise 12–14 Stunden einweichen.

Dann in einem Sieb abgießen, abspülen und in den Standmixer geben. Den Knoblauch abziehen. Den Kreuzkümmel im Mörser fein zerstoßen. Die Petersilie und den Koriander waschen, trockentupfen und in grobe Stücke hacken. Knoblauch, Kreuzkümmel, Petersilie, Koriander, Kurkuma, Paprika und 1 TL Salz zu den Kichererbsen hinzufügen. Alles zu einer glatten Masse zerkleinern, dabei zwischendurch die Zutaten mit einem Teigschaber nach unten schieben und so lange mixen, bis eine homogene Mischung entstanden ist. Danach die Teigmasse in eine Schale umfüllen und abgedeckt bei Zimmertemperatur 30 Minuten durchziehen lassen.

Anschließend das Sonnenblumenöl 3–4 cm hoch in einen Topf einfüllen und erhitzen. Zum Testen der Temperatur ein Holzstäbchen hineinhalten; sobald kleine Bläschen daran aufsteigen, ein Bällchen zur Probe darin garen. Es sollte innerhalb etwa 3 Minuten goldbraun und knusprig sein. Dann die Teigmasse zu Falafeln formen. Portionsweise drei bis vier Stück im heißen Öl frittieren und danach auf Küchenpapier abtropfen lassen.

Für den Dip den Saft der Zitrone auspressen. Den Joghurt mit Tahin, dem Saft der Zitrone, Cayennepfeffer und etwas Salz verrühren.

Die Falafeln frisch ausgebacken mit dem Dip servieren.

TIPP

Passende Ölalternativen sind hier raffiniertes Soja-, Raps- oder Erdnussöl.

TRAUBENKERNÖL

SORTE

Durch das Pressen oder die Extraktion der Traubenkerne der Weinrebe (*Vitis vinifera*) erhält man Traubenkernöl. Eine zusätzliche Verwendung der eigentlich nach dem Keltern der Trauben übrigen Kerne ist nachhaltig und bringt zudem ein geschmacklich interessantes Öl hervor.

QUALITÄT

Kalt gepresstes Öl aus den Kernen der weißen oder roten Trauben. Die hellgelbe Farbe und eine säuerliche, fruchtig-frische Note, die deutlich den Wein erkennen lässt, zeichnet dieses Öl aus. Die Öle aus roten Traubenkernen sind, dem Rotwein ähnlich, herber und erdig bis fruchtig.

VERWENDUNG

- Für kalte Speisen, Salate, Vorspeisen oder zum Beträufeln von fertigen Gerichten. Dabei speziell für Dips, Salatsaucen und Aufstriche, ebenso zum Verfeinern von Fisch und hellem Fleisch.

- Traubenkernöl kann auch im unteren Temperaturbereich (120–150 °C) zum Garen verwendet werden, Dünsten ist hier eine gute Garmethode.

KOPFSALAT MIT ZITRONEN-TRAUBENKERNÖL-DRESSING UND KNUSPRIGEN KARTOFFELWÜRFELN

Für 4 Personen
Zubereitungszeit 20 Minuten
Garzeit 10 Minuten

ZUTATEN

2–3 festkochende Kartoffeln
3 EL natives Olivenöl
Salz
1 Kopfsalat
1 Zitrone
1 TL Zucker
3 EL natives Traubenkernöl
2 EL Schnittlauchröllchen

ZUBEREITUNG

Die Kartoffeln waschen, schälen und klein würfeln. Für 10 Minuten in kaltes Wasser legen. Anschließend abgießen und gründlich trockentupfen. Das Olivenöl in einer Pfanne erhitzen und die Kartoffelwürfel darin bei mittlerer Temperatur knusprig braun braten. Anschließend in einem Sieb abtropfen lassen und salzen.

Den Kopfsalat zerpflücken, die Blätter waschen und trockenschleudern.

Den Saft der Zitrone auspressen und 3 EL davon in eine Schüssel geben. Mit dem Zucker, 1 Prise Salz, dem Traubenkernöl und dem Schnittlauch zu einem Dressing verrühren.

Den Kopfsalat mit dem Dressing marinieren und auf Teller verteilen. Die Kartoffelwürfel darüberstreuen und alles servieren.

CROSTINI MIT GERÄUCHERTER FORELLE UND GRÜNEM TEE

Für 4 Personen
Zubereitungszeit 20 Minuten

ZUTATEN

12 Scheiben Baguette
4 EL Olivenöl
1 TL loser grüner Tee
½ Zitrone
150 g geräucherte Forelle, ohne Haut
100 g Crème fraîche
Salz
frisch gemahlener schwarzer Pfeffer
2 EL Traubenkernöl
1 Schale Gartenkresse
1 TL Pul Biber (milde Paprikaflocken)

ZUBEREITUNG

Die Brotscheiben mit dem Olivenöl beträufeln und in einer Pfanne beidseitig anrösten.

Den grünen Tee im Mörser fein zerreiben. Den Saft der Zitrone auspressen. Die Forelle mit dem Teepulver, der Crème fraîche, dem Saft der Zitrone, etwas Salz und Pfeffer pürieren. Zuletzt das Traubenkernöl unter die Creme rühren.

Die Creme auf die Brotscheiben streichen. Die Kresse abschneiden. Die Crostini mit der Kresse sowie Pul Biber bestreuen und servieren.

EINGELEGTER MOZZARELLA

Für 4 Personen
Zubereitungszeit 10 Minuten plus über Nacht
oder länger zum Durchziehen

ZUTATEN

250 g Mini-Mozzarella-Kugeln
(Abtropfgewicht)
1 unbehandelte Limette
2 Stängel Zitronenmelisse
2 Stängel Basilikum
etwa 100–150 ml Traubenkernöl

ZUBEREITUNG

Die Mozzarella-Kugeln in einem Sieb gründlich abtropfen lassen. Die Limette heiß waschen, gründlich trockentupfen und die Schale mit einem Sparschäler dünn abziehen. Die Zitronenmelisse und das Basilikum waschen und trockentupfen.

Die Mozzarella-Kugeln mit den Kräutern und der Limettenschale in ein Schraub- oder Einmachglas schichten und mit dem Traubenkernöl aufgießen, sodass der Käse bedeckt ist. Den Mozzarella über Nacht im Kühlschrank oder gerne auch länger kalt stellen und durchziehen lassen.

Vor dem Servieren den eingelegten Mozzarella 1 Stunde bei Zimmertemperatur stehen lassen.

TIPP

Den Mozzarella ganz einfach mit einem guten Brot servieren.

WALNUSSÖL

SORTE

Das weithin beliebte Walnussöl gewinnt man durch Pressen der ölhaltigen Walnusskerne. Die Früchte des Walnussbaumes (*Juglans regia*) zählen zu den Steinfrüchten, sind in unserem Sprachgebrauch allerdings als Nuss bekannt.

QUALITÄT

Ausschließlich kalt gepresst, hell- bis mittelgelbe Farbe und mit dem walnusstypischen Aroma. Das Öl schmeckt kernig, nussig und dennoch leicht fruchtig. Werden die Walnusskerne vor dem Pressen geröstet, intensiviert sich das Walnussaroma zusätzlich. Das Öl unbedingt im Kühlschrank aufbewahren, da es wie alle nativen Sorten schnell ranzig wird.

VERWENDUNG

Für kalte Speisen, besonders Salate und Salatsaucen, Dips und Aufstriche. Aber auch über Gerichte geträufelt eine Delikatesse, etwa über Spargel, Fisch, Geflügel, Wild, Erdbeeren und Eis. Das Öl ist außerdem für Kuchenfüllungen, Quark- und Eierspeisen sowie Wurzelgemüse geschmacklich ideal.

SPAGHETTINI-SALAT MIT PETERSILIEN-WALNUSS-PESTO

Für 6 Personen
Zubereitungszeit 20 Minuten
Garzeit etwa 6 Minuten

ZUTATEN

500 g Spaghettini
Salz
2 Bund glatte Petersilie (etwa 60 g)
1 kleine Knoblauchzehe
80 g Walnusskerne
50 ml raffiniertes Rapsöl
20 g Parmesan, frisch gerieben
50 ml Walnussöl
200 g Kirschtomaten
rosa Pfefferbeeren (Schinusbeeren) zum Bestreuen

ZUBEREITUNG

Die Spaghettini in einem Topf in reichlich kochendem, gut gesalzenem Wasser nach Packungsangabe garen. Anschließend abgießen.

Inzwischen die Petersilie waschen, trockentupfen und grob zerzupfen. Den Knoblauch abziehen. Petersilie, Knoblauch, 2 Prisen Salz, die Hälfte der Walnüsse, das Rapsöl und 2 EL Wasser in ein hohes Gefäß geben und fein pürieren. Zuletzt den Parmesan und das Walnussöl unter das Pesto rühren.

Die Kirschtomaten waschen und vierteln. Die restliche Hälfte der Walnusskerne in grobe Stücke brechen.

Die Spaghettini mit dem Pesto vermengen. Die Kirschtomaten und die Walnüsse untermischen. Den Spaghettini-Salat auf Tellern anrichten, mit rosa Pfefferbeeren bestreuen und servieren.

KARTOFFELRÖSTI MIT FELDSALAT

Für 4 Personen
Zubereitungszeit 30 Minuten
Garzeit etwa 25 Minuten

ZUTATEN

1 kg festkochende Kartoffeln
3–4 EL Albaöl
Salz
100 g Feldsalat
1 EL Apfelessig
1 Prise Zucker
2 EL Walnussöl
frisch gemahlenes Salz
frisch gemahlener schwarzer Pfeffer

ZUM SERVIEREN NACH BELIEBEN

250 g Sauerrahm

ZUBEREITUNG

Die Kartoffeln gründlich waschen und in der Schale knapp mit Wasser bedeckt 10 Minuten ankochen. Danach den Topf zur Seite stellen und die Kartoffeln im Wasser abkühlen lassen.

Anschließend den Backofen auf 65 °C Ober-/Unterhitze vorheizen. Die Kartoffeln pellen und grob raspeln. Etwa die Hälfte des Albaöls in einer großen Pfanne erhitzen. Die Hälfte der Kartoffelraspel darin verteilen, salzen, leicht andrücken und zu einem runden Fladen formen. Bei mittlerer Temperatur goldbraun und knusprig braten. Den Röstifladen dann wenden, bei Bedarf etwas Öl am Rand entlang zugeben und auf der anderen Seite ebenso knusprig braten. Rösti im vorgeheizten Backofen bei 65 °C Ober-/Unterhitze warm stellen. Aus der übrigen Kartoffelmasse im restlichen Albaöl einen zweiten Röstifladen backen und warm stellen.

Den Feldsalat putzen, waschen und trockenschleudern. Den Salat mit Apfelessig, 1 Prise Salz und Zucker sowie dem Walnussöl marinieren.

Die Rösti in Stücke teilen und zum Anrichten auf Teller verteilen. Mit Salz und Pfeffer übermahlen. Die Rösti nach Belieben mit Sauerrahm servieren und den Feldsalat dazu reichen.

TIPP

Passende Ölalternativen sind hier Haselnuss-, Kirschkern-, Pflaumenkern-, Hanf-, Kürbiskern-, Macadamianuss- oder Arganöl.

HÄHNCHENBRUST MIT COUSCOUS UND MINZE

Für 4 Personen
Zubereitungszeit 20 Minuten
Garzeit 30 Minuten

ZUTATEN

4 Hähnchenbrüste
1 TL Zimtpulver
1 TL edelsüßes Paprikapulver
½ TL schwarze Pfefferkörner
1 TL brauner Zucker
Salz
4 EL natives Olivenöl
200 g Instant-Couscous
2 Auberginen
4 Stängel Minze
2 EL Pinienkerne
frisch gemahlener schwarzer Pfeffer
2 EL Walnussöl
Meersalzflocken

ZUBEREITUNG

Den Backofen auf 140 °C Ober-/Unterhitze vorheizen. Die Hähnchenbrüste trockentupfen. Das Zimtpulver, Paprikapulver, die Pfefferkörner, den Zucker und 1 TL Salz im Mörser zerkleinern und vermischen. Die Hähnchenbrüste in der Gewürzmischung wenden, bis sie rundum damit bedeckt sind. 2 EL Olivenöl in einer Pfanne erhitzen und das Fleisch darin von allen Seiten anbraten. Anschließend in eine ofenfeste Form geben und im vorgeheizten Backofen in 20 Minuten fertig garen.

Den Couscous mit 2 Prisen Salz in eine Schüssel füllen, 250 ml kochendes Wasser aus dem Wasserkocher darübergießen und 5 Minuten quellen lassen. Anschließend mit einer Gabel auflockern.

Die Auberginen waschen, den Stielansatz entfernen und das Fruchtfleisch klein würfeln. 2 EL Olivenöl in einer Pfanne erhitzen, die Auberginenwürfel hineingeben, gut salzen und bei hoher Temperatur braun braten. Die Minze waschen, trockentupfen und hacken. Couscous, Minze und Pinienkerne zu den Auberginen geben. Salzen, pfeffern und einige Minuten zusammen erhitzen. Zuletzt die Auberginen-Perlcouscous-Masse mit dem Walnussöl verfeinern.

Die Hähnchenbrüste in Scheiben schneiden und mit Meersalzflocken würzen. Auf dem Couscous anrichten und servieren.

TIPP

Passende Ölalternativen sind hier Kürbiskern-, Macadamianuss-, Argan-, Granatapfelkern- oder Avocadoöl.

WALNUSS-BASILIKUM-PESTO

Für 1 Schraubglas à 250 ml
Zubereitungszeit 10 Minuten

ZUTATEN

1 Knoblauchzehe
75 ml natives Traubenkernöl
30 g Walnusskerne
1 großer Topf Basilikum (ca. 60 g)
½ unbehandelte Zitrone
2–3 EL frisch geriebener, gereifter Bergkäse
1 Msp. Korianderpulver
3 EL geröstetes Walnussöl
Salz

ZUBEREITUNG

Den Knoblauch abziehen und in feine Scheiben schneiden. Die Hälfte des Traubenkernöls in einer Pfanne erhitzen und den Knoblauch darin kurz anschwitzen. Dann das entstandene Knoblauchöl umfüllen und abkühlen lassen.

Die Walnusskerne klein hacken, in einer Pfanne ohne Fettzugabe anrösten und ebenfalls abkühlen lassen.

Die Basilikumblätter abzupfen, waschen und trockentupfen. Die Zitrone heiß waschen, gründlich trockentupfen und die Schale mit einem Sparschäler dünn abziehen. Die Schale in feine Streifen schneiden. Das Knoblauchöl, das restliche Traubenkernöl, die Walnüsse und das Basilikum in einem hohen Gefäß pürieren. Danach den geriebenen Bergkäse, die Zitronenschale, das Korianderpulver und das Walnussöl unterrühren. Zuletzt das Pesto mit Salz würzen.

Das Pesto in das saubere Schraubglas füllen und im Kühlschrank aufbewahren. Innerhalb von 1 Woche verbrauchen.

WEIZENKEIMÖL

SORTE

Das Öl gewinnt man aus den Samenkeimen, die im Weizenkorn gedeihen. Der uns bekannte Weizen (*Triticum aestivum*) wächst zwar zahlreich in unseren Breiten, dennoch braucht es für die Ölherstellung große Mengen der Körner, da sie nur sehr wenig Öl enthalten.

QUALITÄT

Kalt gepresst ist Weizenkeimöl goldgelb, schmeckt getreidig-nussig und würzig.

Raffinierte Weizenkeimöle sind hellgelb und geschmacksneutral.

VERWENDUNG

Kalt gepresst für kalte Speisen, Salate, Saucen, Dips und Dressings, darunter für Quark- und Eierspeisen, zu Brot und Gemüsesalaten. Das Öl ist außerdem zum Beträufeln von zubereiteten Gerichten geeignet.

GEBRATENER KARTOFFELSALAT MIT RUCOLA

Für 4 Personen
Zubereitungszeit 20 Minuten
Garzeit 20–25 Minuten

ZUTATEN

500 g kleine festkochende Kartoffeln
2 EL raffiniertes Rapsöl
1 Bund Radieschen
1 Salatgurke
3 EL Weißweinessig
75 ml kräftige Gemüsebrühe
1 TL körniger Senf
2 EL natives Weizenkeimöl
Salz
½ TL Zucker
frisch gemahlener schwarzer Pfeffer
1 Bund Rucola

ZUBEREITUNG

Die Kartoffeln waschen, in der Schale knapp mit Wasser bedeckt in 20–25 Minuten gar kochen. Anschließend abgießen und heiß halbieren. Die Kartoffeln im heißen Rapsöl in einer Pfanne auf den Schnittflächen braun braten.

Inzwischen die Radieschen waschen, putzen und in Scheiben schneiden. Die Gurke waschen, der Länge nach halbieren und in Scheiben schneiden.

Den Essig mit der Gemüsebrühe, dem Senf, dem Weizenkeimöl, 1 TL Salz, dem Zucker und etwas Pfeffer in einer Schüssel zu einem Dressing verrühren.

Die Kartoffeln, Radieschen und Gurkenscheiben zum Dressing geben und untermengen. Den Rucola waschen, trockentupfen, je nach Größe etwas zerzupfen und untermischen. Den Kartoffelsalat in Schalen anrichten und servieren.

TIPP

Passende Ölalternativen sind hier Traubenkern-, Distel-, Kürbiskern- oder Arganöl.

QUINOA-FRÜHSTÜCK (PORRIDGE) MIT ZWETSCHGEN UND HASELNÜSSEN

Für 2 Personen
Zubereitungszeit 20 Minuten
Garzeit 20 Minuten

ZUTATEN

200 g Quinoa
400 ml Mandeldrink oder eine Alternative
2 TL Vanillezucker
Salz
8 Zwetschgen
2 EL Haselnussblättchen
4 TL Weizenkeimöl

ZUBEREITUNG

Die Quinoa in einem Sieb unter warmem Wasser abspülen. Mit dem Mandeldrink oder der Alternative, dem Vanillezucker und 1 Prise Salz aufkochen. Abgedeckt unter gelegentlichem Rühren bei niedriger Temperatur 20 Minuten garen.

Die Zwetschgen waschen und entsteinen. In einer Pfanne im eigenen Saft 3–4 Minuten dünsten.

Die Quinoa-Masse in Schalen füllen. Die Zwetschgen darauf verteilen und mit den Haselnussblättchen bestreuen. Zuletzt das Weizenkeimöl darüberträufeln und das Frühstück servieren.

TIPP

- Passende Ölalternativen sind hier geröstetes Walnuss- oder Haselnussöl, Argan-, Granatapfelkern-, Avocado-, Kirschkern- oder Pflaumenkernöl.
- Reife Zwetschgen sind saftig und schmoren dadurch im eigenen Saft. Bei Bedarf kann ein Schuss Wasser oder Fruchtsaft zum Garen zugegeben werden.

SKYR-BEEREN-CREME MIT HAFERCRUNCH

Für 4 Personen
Zubereitungszeit 20 Minuten

ZUTATEN

FÜR DEN HAFERCRUNCH

50 g zarte Haferflocken
50 g Mandelstifte
1 TL Zucker
2 EL Weizenkeimöl

FÜR DIE CREME

½ Zitrone
500 g Skyr
2–3 EL Zucker
200 g süße Sahne
350 g TK-Beerenmischung, aufgetaut

ZUBEREITUNG

Für den Hafercrunch die Haferflocken mit den Mandeln in einer Pfanne unter Rühren anrösten. Dann den Zucker darüberstreuen und karamellisieren. Die Crunch-Streusel umfüllen und das Weizenkeimöl untermischen.

Für die Creme den Saft der Zitrone auspressen. Skyr mit dem Zucker und dem Saft der Zitrone glatt rühren. Die Sahne steif schlagen und unter die Skyr-Creme ziehen. Die Hälfte der Beeren in einem Gefäß pürieren.

Die Skyr-Creme auf vier Schalen verteilen. Das Beerenpüree darauf verteilen und mit einem Löffelstiel marmorieren. Die übrigen Beeren auf die Creme geben, mit dem Hafercrunch bestreuen und alles servieren.

TIPP

Passende Ölalternativen sind hier geröstetes Walnuss- oder Haselnussöl, Argan-, Granatapfelkern-, Avocado-, Kirschkern- oder Pflaumenkernöl.

WÜRZÖLE SELBST GEMACHT

Würzöle – im Handel sind sie küchenfertig zahlreich erhältlich, in allen möglichen Geschmacksrichtungen. Doch bei solch industriell hergestellten Ölen können Aromen zugesetzt sein. Macht man Würzöle dagegen selbst, ist der Vorteil, dass nur die natürlichen Aromen der Zutaten hineinkommen. Und: Nichts ist so einfach wie das Selbermachen!

Würzöle können sowohl aus raffinierten als auch kalt gepressten Ölen zubereitet werden. Raffinierte Öle als Basis haben den Vorteil, dass die würzenden Beigaben, etwa Kräuter oder Gewürze, im Vordergrund stehen. Stellt man Würzöle dagegen aus nativen, kalt gepressten Ölen her, steht der Eigengeschmack des Öls im Vordergrund. Je intensiver das verwendete Öl von Natur aus schmeckt, umso kräftiger sollten auch die hinzugefügten Aromageber sein.

Hierfür stellt uns die Natur eine breite Auswahl zur Verfügung. Von Kräutern wie Thymian, Rosmarin, Salbei, Oregano oder etwa Minze über Gewürze wie Sternanis, Zimt, verschiedene Pfeffersorten sowie Chili bis hin zu Knoblauch oder den Schalen von Zitrusfrüchten sind kaum Grenzen gesetzt.

Gewürze werden für ein intensiveres Auslaugen am besten angeröstet. Sie können auch kurz im Mörser etwa angebrochen werden, damit die ätherischen Öle gut herausgelöst werden.

Eher holzige Kräuter wie Thymian und Rosmarin eignen sich hervorragend für Würzöle, da sie nicht so saftig sind. Je saftiger ein Kraut ist, umso höher die Wahrscheinlichkeit, dass das angesetzte Öl schimmeln kann. Als Alternative empfehle ich hier die getrocknete Variante. Statt frischer Minze oder Zitronenmelisse kann das zum Beispiel der im Handel erhältliche entsprechende Kräutertee sein.

BASILIKUMÖL

KNOBLAUCHÖL

CHILIÖL

GEWÜRZÖL

Würzöle / 269

GRUNDREZEPT BASILIKUMÖL

Für 1 Schraubflasche à 500 ml
Zubereitungszeit 20 Minuten
plus 1 Stunde zum Ruhen

ZUTATEN

1 großes Bund Basilikum (etwa 70 g)
100 ml raffiniertes Rapsöl
450 ml natives Olivenöl

ZUBEREITUNG

Das Basilikum waschen, gründlich trockentupfen und grob hacken. Das Rapsöl in einem Topf lauwarm erhitzen. Basilikum und das warme Öl in einem hohen Gefäß 2–3 Minuten lang pürieren. Danach das Öl durch ein sauberes Passiertuch (auch Mulltuch) seihen und auffangen.

Das Öl 1 Stunde ruhen lassen und anschließend abgießen. Die Reste des pürierten Basilikums können zum Beispiel für eine Cremesuppe verwendet werden.

Die Basilikum-Rapsöl-Mischung mit dem Olivenöl in die saubere Flasche füllen. Verschlossen im Kühlschrank aufbewahrt ist das fertige Basilikumöl 2–3 Wochen haltbar.

BURRATA

RISOTTO

BURRATA MIT OCHSENHERZTOMATEN

Für 4 Personen
Zubereitungszeit 15 Minuten

ZUTATEN

4 Ochsenherztomaten
4 Burrata
Meersalzflocken
frisch gemahlener schwarzer Pfeffer
etwa 8 EL Basilikumöl (siehe Seite 270)

ZUM SERVIEREN

Baguette

ZUBEREITUNG

Die Tomaten waschen, den Blütenansatz herausschneiden und die Tomaten in Scheiben schneiden. Die Scheiben auf Teller verteilen.

Jeweils mittig einen abgetropften Burrata auf die Scheiben setzen. Mit Meersalzflocken und Pfeffer würzen. Zuletzt alles pro Portion mit etwa 2 EL Basilikumöl beträufeln.

Die Tomaten-Burrata mit Baguette servieren.

RISOTTO MIT BASILIKUMÖL

Für 4 Personen
Zubereitungszeit 10 Minuten
Garzeit etwa 18 Minuten

ZUTATEN

1,2 l Gemüsebrühe
1 Zwiebel
1 Knoblauchzehe
2 EL natives Olivenöl
350 g Risottoreis (hochwertige Sorte wie Arborio, Carnaroli oder Vialone)
150 ml trockener Weißwein
50 g Parmesan
Salz
frisch gemahlener schwarzer Pfeffer
2 EL Crème fraîche
4 EL Basilikumöl (siehe Seite 270)

ZUBEREITUNG

Die Gemüsebrühe in einem Topf aufkochen.

Die Zwiebel und den Knoblauch abziehen und würfeln. Das Olivenöl in einem zweiten Topf erhitzen und Zwiebel sowie Knoblauch darin 1 Minute anschwitzen. Danach den Reis zugeben und 1 Minute mitanschwitzen. Mit dem Weißwein ablöschen und diesen unter Rühren verkochen lassen.

Dann die heiße Brühe nach und nach zugeben und alles unter regelmäßigem Rühren bei mittlerer Temperatur etwa 18 Minuten leise köcheln lassen.

Anschließend den Parmesan dazureiben. Das Risotto mit Salz und Pfeffer würzen. Zuletzt die Crème fraîche unterrühren.

Das Risotto auf tiefe Teller verteilen, das Basilikumöl darüberträufeln und servieren.

GRUNDREZEPT KNOBLAUCHÖL

Für 1 Schraubflasche à 500 ml
Zubereitungszeit 30 Minuten plus
3–4 Stunden zum Abkühlen

ZUTATEN

1 Knoblauchknolle

500 ml natives Olivenöl

ZUBEREITUNG

Die Knoblauchzehen vereinzeln und ungeschält in einen kleinen Topf geben. Das Olivenöl aufgießen und alles bei niedriger Temperatur 30 Minuten erwärmen.

Anschließend beiseitestellen und abkühlen lassen. Dann das Knoblauchöl abseihen und in die saubere Schraubflasche füllen und verschließen.

Das Öl im Kühlschrank aufbewahren und innerhalb von 2 Wochen verbrauchen.

TIPP

Die gegarten Knoblauchzehen, die beim Abseihen des Öls übrig bleiben, aus den Schalen drücken, in ein Schraubglas geben und in der Küche anstelle von frischem Knoblauch verwenden.

GAMBAS IN KNOBLAUCHÖL

NAANBROT MIT KNOBLAUCHÖL

GAMBAS IN KNOBLAUCHÖL

Für 4 Personen
Zubereitungszeit 15 Minuten

ZUTATEN

300 g Gambas (Riesengarnelen), küchenfertig ausgelöst, ohne Kopf und Schale
5 EL Knoblauchöl (siehe Seite 272)
Meersalzflocken

ZUM SERVIEREN

1 unbehandelte Zitrone
Baguette

ZUBEREITUNG

Die Gambas kurz abbrausen und auf einem sauberen Küchentuch gründlich trockentupfen. Das Knoblauchöl in einer Pfanne erhitzen und die Gambas darin rundum 2–3 Minuten anbraten. Zuletzt mit Meersalzflocken würzen.

Zum Servieren die Zitrone heiß abwaschen, gründlich trockentupfen und in Spalten schneiden. Die Gambas in Schalen anrichten und das Baguette sowie die Zitronenspalten dazu reichen.

NAANBROT MIT KNOBLAUCHÖL

Für 8–10 Stück
Zubereitungszeit 25 Minuten plus etwa 1 Stunde 20 Minuten zum Gehenlassen
Backzeit je 1–2 Minuten

ZUTATEN

15 g frische Hefe
1 TL flüssiger Honig
500 g Weizenmehl Type 550 plus mehr zum Bearbeiten
Salz
1 Bund glatte Petersilie
80 ml Knoblauchöl (siehe Seite 272)

TIPP

Die Naanbrote als Beilage zu Currys, Linsen-Dal oder einfach zu einem Salat servieren.

ZUBEREITUNG

Die Hefe in 300 ml lauwarmem Wasser mit dem Honig zusammen auflösen. Das Mehl in eine Schüssel geben, eine Mulde hineinformen und das Hefewasser zugießen. Die Flüssigkeit mit wenig Mehl zu einem Brei verrühren und diesen Vorteig abgedeckt 10 Minuten gehen lassen.

Dann 1 TL Salz zugeben und alles in 5 Minuten zu einem glatten Teig verkneten. Den Teig abgedeckt 45 Minuten gehen lassen.

Anschließend den Teig auf der leicht bemehlten Arbeitsfläche in zwölf Stücke teilen. Jedes Teigstück zu einem länglichen Fladen ausrollen. Noch mal 10–15 Minuten ruhen und gehen lassen.

Eine Pfanne ohne Fettzugabe erhitzen. Die Teigfladen darin nacheinander bei niedriger bis mittlerer Temperatur (ohne Zugabe von Fett oder Öl) auf jeder Seite 1–2 Minuten backen. Die Temperaturangabe einhalten, damit der Teig nicht verbrennt.

Die Petersilie waschen, trockentupfen, hacken und unter das Knoblauchöl rühren. Die fertig gebackenen Naanbrote mit dem Knoblauchöl bestreichen und servieren.

GRUNDREZEPT ZITRONENÖL / ORANGENÖL

Für 1 Schraubflasche à 1 l
Zubereitungszeit 10 Minuten plus etwa
1 Woche zum Durchziehen

ZUTATEN

1 unbehandelte Zitrone oder Orange

500 ml natives Olivenöl

ZUBEREITUNG

Die Zitrone oder Orange heiß waschen, gründlich trockentupfen und die Schale mit einem Sparschäler abziehen.

Das Olivenöl und die Zitrusschale in die saubere Schraubflasche füllen. Das Zitronenöl/Orangenöl verschlossen, kühl und dunkel etwa 1 Woche durchziehen lassen, bevor es verwendet wird.

TIPP

Zusätzlich zur Schale kann man das Öl mit 1 Chilischote sowie Thymian und Rosmarin aromatisieren.

AVOCADO-EI-AUFSTRICH AUF RÖSTBROT

Für 4 Personen
Zubereitungszeit 20 Minuten

ZUTATEN

3 Eier

½ Zitrone

1 Avocado

100 g Joghurt

Salz

1 Msp. Cayennepfeffer

2 EL Zitronenöl (siehe oben)

4 Scheiben Brot (Sorte nach Wahl)

4 EL natives Olivenöl

frisch gemahlener schwarzer Pfeffer

3 EL Sprossen (Sorte nach Wahl; selbst gezogen oder aus dem Frischeregal)

ZUBEREITUNG

Die Eier knapp mit Wasser bedeckt 10 Minuten kochen. Dann kalt abschrecken, pellen und würfeln.

Den Saft der Zitrone auspressen. Die Avocado halbieren, den Kern entfernen und das Fruchtfleisch mit einem Löffel aus den Schalen heben. Eine Avocadohälfte würfeln. Die andere Hälfte mit dem Saft der Zitrone beträufeln und mit einer Gabel zerdrücken.

Den Joghurt unter die zerdrückte Avocadohälfte rühren. Danach die Eier- und Avocadowürfel untermischen. Zuletzt den Aufstrich mit Salz, dem Cayennepfeffer und dem Zitronenöl würzig abschmecken.

Die Brotscheiben mit dem Olivenöl beträufeln und in einer Pfanne beidseitig anrösten. Dann auf einer Platte verteilen.

Den Avocado-Aufstrich auf die Brote geben und mit etwas Salz sowie Pfeffer würzen. Alles mit den Sprossen bestreut servieren.

BOHNEN-TOMATEN-SUPPE

Für 4 Personen
Zubereitungszeit 15 Minuten
Garzeit 20 Minuten

ZUTATEN

2 Zwiebeln
2 Knoblauchzehen
1 Stück Ingwer (etwa 3 cm, daumendick)
3 rote Paprikaschoten
2 EL Olivenöl
1 TL edelsüßes Paprikapulver
1 TL rosenscharfes Paprikapulver
2 EL Tomatenmark
1 Dose rote Bohnen (Abtropfgewicht etwa 250 g)
1 Dose weiße Bohnen (Abtropfgewicht etwa 250 g)
2 Dosen stückige Tomaten (400 g)
400 ml Gemüsebrühe
Salz
frisch gemahlener schwarzer Pfeffer
Zucker zum Abschmecken

ZUM SERVIEREN

4 EL Orangenöl (siehe Seite 274)
3 Stängel Dill

ZUBEREITUNG

Die Zwiebeln und den Knoblauch abziehen und hacken. Den Ingwer schälen. Die Paprika waschen, Samen und weiße Trennwände entfernen und die Schoten klein würfeln.

Zwiebeln und Knoblauch im heißen Olivenöl in einem Topf anschwitzen. Den Ingwer dazureiben und alles 2 Minuten weiter anschwitzen. Dann die gewürfelten Paprika, beide Paprikapulver und das Tomatenmark hinzufügen. Unter Rühren 3 Minuten anschwitzen. Danach die Bohnen jeweils in einem Sieb abgießen und mit in den Topf geben. Die stückigen Tomaten und die Brühe angießen, mit 1 TL Salz würzen und aufkochen. Die Suppe bei mittlerer Temperatur 10 Minuten köcheln lassen.

Anschließend die Suppe mit Salz, Pfeffer und etwas Zucker abschmecken.

Zum Servieren die Suppe in Schalen anrichten, mit dem Orangenöl beträufeln und mit Dillblättchen bestreuen.

AVOCADO-EI-AUFSTRICH AUF RÖSTBROT

GRUNDREZEPT CHILIÖL

Für 1 Schraubflasche à 1 l
Zubereitungszeit 10 Minuten plus
2–3 Tage zum Durchziehen

ZUTATEN

500 ml mildes natives Olivenöl
2–3 Chilischoten

CHILIMARINADE UND CHILIÖL

ZUBEREITUNG

Die Schraubflasche säubern, trocknen und das Öl einfüllen. Die Chilischoten waschen, trockentupfen und klein schneiden.

Die Chilis ins Öl geben und die Flasche verschließen. Die Mischung 2–3 Tage im Kühlschrank durchziehen lassen, damit die Schärfe ins Öl übergehen kann.

Das fertige Chiliöl im Kühlschrank aufbewahren, es ist mehrere Wochen haltbar.

INFO

- Sollte sich Schimmel an den Chilischoten bilden, bitte das Öl wegwerfen. Alternative: Mit getrockneten Chilischoten zubereitet, kann sich kein Schimmel entwickeln, dann das Öl trocken und dunkel lagern, die Haltbarkeit entspricht dann der des verwendeten Öls.

- Frische Chilischoten reichen von mild bis extrem scharf. Mit der verwendeten Chilisorte, der Menge an Chilis und der Ziehzeit verändert sich die Schärfe des Öls. Je länger das Öl durchzieht, umso schärfer wird es.

- Das Basisöl kann wie im Rezept ein mildes Olivenöl sein. Mit dem so zubereiteten Würzöl können Sie dann auch braten, kochen oder backen.

- Für ein neutrales Chiliöl eignen sich raffinierte Öle aus Raps, Sonnenblumenkernen oder Soja. Diese sind ebenfalls für warme Zubereitungen geeignet.

- Intensivere Öle dagegen, wie Distelöl, natives Raps- oder Hanföl, bilden zusammen mit der Schärfe der Chilis eine delikate Verbindung und eignen sich hervorragend zum Verfeinern von Dips, Salaten, kalten Vorspeisen oder Saucen.

TIPP

Eine Flasche mit einer Tropföffnung (Ölkanne) erleichtert das feine Dosieren des Würzöls. Dafür das gut durchgezogene Öl vorher abseihen, damit die Öffnung der Ölkanne nicht verstopft.

PASTA ALLA PUTTANESCA

Für 4 Personen
Zubereitungszeit 20 Minuten
Garzeit etwa 15 Minuten

ZUTATEN

500 g Spaghetti
Salz
2 Knoblauchzehen
5 in Öl eingelegte Sardellen
2–3 EL Chiliöl (siehe Seite 276)
500 g stückige Tomaten
50 g entsteinte schwarze Oliven
2 EL Kapern
1 Bund Petersilie
frisch gemahlener schwarzer Pfeffer

ZUM SERVIEREN

Parmesan zum Hobeln

ZUBEREITUNG

Die Spaghetti in reichlich kochendem, gut gesalzenem Wasser al dente garen.

Inzwischen den Knoblauch abziehen und in Scheiben schneiden. Mit den Sardellen im Chiliöl anschwitzen, dabei die Sardellen zerkleinern. Die stückigen Tomaten zugeben und alles unter Rühren bei mittlerer Temperatur 5 Minuten zu einer Sauce köcheln lassen.

Die Oliven und Kapern grob hacken. Die Petersilie waschen, trockentupfen und hacken. Oliven, Kapern und Petersilie zur Tomatensauce geben. Zuletzt mit Salz und Pfeffer abschmecken.

Die Spaghetti abgießen, unter die Tomatensauce heben und auf Teller verteilen. Parmesan darüberhobeln und servieren.

CHILIMARINADE

Für 1 Schraubglas à 220 ml
Zubereitungszeit 10 Minuten

ZUTATEN

1 TL Koriandersaat
100 ml Chiliöl (siehe Seite 276)
50 ml Sojasauce
3 EL Ahornsirup
1 TL Knoblauchgranulat
2 TL getrockneter Thymian

ZUBEREITUNG

Den Koriander zerstoßen. Mit den übrigen Zutaten in das saubere Schraubglas geben, verschließen und kräftig schütteln.

Die Marinade im Kühlschrank aufbewahren, dort ist sie 2–3 Wochen haltbar. Zum Marinieren das entsprechende Lebensmittel damit einstreichen, nach Belieben gut durchziehen lassen oder sofort zubereiten.

TIPP

Die Chilimarinade eignet sich hervorragend für Fleisch, Geflügel, Wild, Fisch, Gemüse, Tofu und vieles mehr.

GRUNDREZEPT GEWÜRZÖL

Für 1 Schraubflasche à 1 l
Zubereitungszeit 15 Minuten
plus mindestens
1 Woche zum Durchziehen

ZUTATEN

2 TL Koriandersaat

4 Sternanis

2 Zimtstangen

1 TL schwarze Pfefferkörner

1 l raffiniertes, neutrales Öl (Raps-, Sonnenblumen-, Soja- oder Erdnussöl)

ZUBEREITUNG

Die Gewürze in einer Pfanne leicht anrösten, bis sie zu duften beginnen. Beiseitestellen und kurz etwas abkühlen lassen.

Die Schraubflasche säubern und trocknen. Das Öl einfüllen. Die Gewürzmischung zugeben und die Flasche verschließen. Das Gewürzöl mindestens 1 Woche durchziehen lassen. Je länger es durchzieht, umso intensiver wird das Aroma. Das Öl nach dem Durchziehen abseihen. Die Gewürze können für andere Zubereitungen verwendet werden. Dafür in ein Tee-Ei geben und zum Beispiel eine Brühe oder ein Curry damit aromatisieren.

TIPP

- Das aus raffinierten Ölen hergestellte Gewürzöl kann für alle warmen und kalten Zubereitungen verwendet werden. Es passt zu Fleisch, Geflügel, Wild, Fisch oder auch Gemüse und Hülsenfrüchten. Außerdem verfeinert es Salatsaucen, Dips und Aufstriche.

- Alternative: Ein Gewürzöl aus nativen Ölen kann so verwendet werden wie das jeweilige native Öl selbst. Meist also für kalte Zubereitungen oder mildes Erwärmen, um die Inhaltsstoffe zu erhalten.

- Anstelle der Gewürzmischung sind auch Einzelgewürze für ein sortenreines Gewürzöl verwendbar. Etwa Zimt in Traubenkernöl, Kreuzkümmel in Distelöl, Zitronenschale in geröstetem Erdnussöl oder Kümmel in Weizenkeimöl.

GEWÜRZREIS MIT HARISSA-GEMÜSE

Für 4 Personen
Zubereitungszeit 20 Minuten
Garzeit etwa 15 Minuten plus
5 Minuten zum Ziehen

ZUTATEN

250 g Basmatireis
2 EL Gewürzöl (siehe Seite 278)
1 Knoblauchzehe
Salz
1 kleiner Blumenkohl
3 Karotten
1 Zucchini
2 TL Harissa-Paste (alternativ als trockene Gewürzmischung mit 1 EL Olivenöl verrührt)
2 EL Olivenöl
100 g TK-Erbsen
1 Bund Dill (frisch oder TK)
1 EL Rosinen
2 EL Mandelblättchen mit Schale
frisch gemahlener schwarzer Pfeffer

ZUM SERVIEREN

1 Zitrone
2 Becher Joghurt (à 150 g)

ZUBEREITUNG

Den Basmatireis in einem Sieb abspülen und abtropfen lassen. Den Knoblauch abziehen und hacken. Das Gewürzöl in einem breiten Topf erhitzen. Den Knoblauch und den Reis darin anschwitzen. ½ TL Salz und 250 ml Wasser zugeben. Den Reis abgedeckt zum Kochen bringen und bei mittlerer Temperatur 10 Minuten köcheln lassen. Anschließend den Gewürzreis vom Herd nehmen und 10 Minuten ausquellen lassen.

Den Blumenkohl waschen, in Röschen teilen und den Strunk klein schneiden. Die Karotten und Zucchini waschen, putzen, die Karotten schälen und beide Gemüsesorten in Stücke schneiden. Das vorbereitete Gemüse mit Harissa, dem Olivenöl und ½ TL Salz in einer Schüssel vermengen. Dann die Mischung in einer Pfanne bei mittlerer Temperatur anbraten. Einen Schuss Wasser zugeben und alles abgedeckt 5–6 Minuten garen. Zuletzt die Erbsen zugeben und weitere 5 Minuten garen, bis das Gemüse durch ist.

Den frischen Dill waschen, trockentupfen und hacken. Den Gewürzreis mit den Rosinen, den Mandelblättchen sowie dem Dill bestreuen und mit Pfeffer würzen.

Zum Servieren die Zitrone heiß waschen, gründlich trockentupfen und in Spalten schneiden. Das Harissa-Gemüse mit dem Reis auf Teller verteilen. Die Zitronenspalten und den Joghurt dazu reichen.

ORANGENKUCHEN

Für 8 Stücke | 1 Springform (18 cm ø)
Zubereitungszeit 20 Minuten
Backzeit 35–40 Minuten

ZUTATEN

FÜR DEN KUCHENBODEN

75 g gemahlene Mandelkerne
175 g Dinkelmehl Type 630
40 ml Gewürzöl (siehe Seite 278)
80 g weiche Butter
1 Ei (Gr. L)
Salz
40 g Rohrohzucker

FÜR DIE FÜLLUNG UND ZUM SERVIEREN

400 g Orangenmarmelade
Puderzucker zum Bestäuben
2 EL Pistazienkerne

ZUBEREITUNG

Den Boden der Springform mit Backpapier bespannen.

Für den Kuchenboden die Mandeln mit Dinkelmehl, Gewürzöl, Butter, Ei, 1 Prise Salz und Rohrohzucker in der Küchenmaschine rasch zu einem Teig verkneten. Den Teig in einen Spritzbeutel mit Lochtülle (6–8 mm) füllen. Den Backofen auf 180 °C Ober-/Unterhitze vorheizen.

Mit etwa einem Drittel des Teiges in der Form einen Kuchenboden aufspritzen. Am Springformrand entlang in zwei Bahnen einen Rand aufspritzen.

Für die Füllung die Orangenmarmelade auf dem Teig verteilen. Mit dem übrigen Teig ein Gitter aufspritzen. Für einen schönen Abschluss einen weiteren Teigstrang am Rand entlang aufspritzen.

Den Kuchen im vorgeheizten Backofen auf dem zweiten Einschub von unten 30 Minuten backen. Anschließend aus dem Ofen nehmen und abkühlen lassen.

Die Pistazienkerne hacken. Den Orangenkuchen mit Puderzucker bestäuben, Pistazien darüber streuen und in Stücke geschnitten servieren.

VIELEN DANK!

ÖLMÜHLE SOLLING

Auf der Suche nach den passenden Ölsorten für dieses Buch bin ich bei meiner Recherche sehr schnell auf die Ölmühle Solling gestoßen. Das lag vor allem an der Fülle von Ölsorten, die das familiengeführte Unternehmen im Sortiment hat. Es werden Samen und Nüsse in Bio-Qualität verwendet und das schmeckt man. Alle Öle, die ich verkostet habe, waren ausgezeichnet. Vor allem die besonderen und ungewöhnlichen Ölsorten, die man anderswo nicht so leicht bekommt, haben mich wirklich beeindruckt. Sorten, wie das Öl aus dem Avocadofruchtfleisch oder aus den Kernen von Aprikosen, Kirschen oder Pflaumen sind eine echte Bereicherung in der Küche. Sie punkten geschmacklich und mit ihren Inhaltsstoffen. Eine echte Rarität, die sich zu probieren lohnt, ist das Bucheckernöl (siehe Seite 56).

Wenn Sie mehr über die Firmenphilosophie und darüber, wie ein wirklich gutes Öl entsteht, wissen wollen, lesen Sie das Interview auf den Seiten 194–195. Dort verrät uns Sebastian Baensch viel Wissenswertes.

Für die Unterstützung unseres Buchprojekts danken wir der Familie Baensch von der Ölmühle Solling ganz herzlich.

Weitere Infos und Shop: www.oelmuehle-solling.de

REGISTER

A
Aioli – Knoblauchmayonnaise	184
Albaöl	22
Aprikosenkernöl	30
Arganöl	38
Asiatischer Coleslaw	190
Avocado-Ei-Aufstrich auf Röstbrot	274
Avocadoöl	46

B
Basilikumöl	270
Basis-Mayonnaise mit Ei	204
Basis-Mayonnaise ohne Ei	204
Blattsalat mit Distelöldressing	68
Blumenkohl mit Erdnuss-Pilz-Gröstl	74
Bohnen-Tomaten-Suppe	275
Brotsalat mit Roggen, Sauerkraut und Trauben	218
Buchweizen-Galette mit Camembert und Aprikosen	106
Buckeckernöl	56
Burrata mit Ochsenherztomaten	271

C
Chicorée mit Apfel-Vinaigrette und Ricottacreme	66
Chili-Marinade	277
Chiliöl	276
Couscous-Bratlinge mit Orangen-Dip	92
Crostini mit Bohnenhummus	62
Crostini mit geräucherter Forelle und grünem Tee	246

D
Dattel-Ingwer-Dip	196
Distelöl	64

E
Eingelegter Mozzarella	248
Endiviensalat mit Bratapfelscheiben	98
Entensatés mit Erdnusssauce	72
Erdbeerpancakes	166
Erdnussöl	70
Erdnussriegel	76

F
Falafel mit Tahin-Dip	240
Focaccia mit Olivenöl	176
Forellen-Ceviche	52
Frühstücksdrink mit Mango	144

G
Gambas in Knoblauchöl	273
Garnelencocktail	48
Gazpacho – Kalte spanische Gemüsesuppe	178
Gebackene Rote Bete im Salzbett mit Zatar und Burratina	60
Gebackenes Müsli mit Beeren	142
Gebratene Mienudeln	226
Gebratener Kartoffelsalat mit Rucola	262
Gefüllte Mandel-Crêpes	160
Gemüse-Tempura mit Schwarzkümmel-Mayonnaise	214
Geröstetes Ofengemüse	162
Gewürzöl	278
Gewürzreis mit Harissa-Gemüse	279
Glasnudeln mit Shrimps	222
Granatapfelkernöl	78
Gurken-Kräuter-Kaltschale	54

H
Hafer-Mandel-Porridge mit Trauben	82
Hähnchenbrust mit Perlcouscous und Minze	256
Hanföl	86
Haselnussöl	94
Hering in Senf und Zwiebeln eingelegt	232
Himbeer-Bananen-Haferdrink	88
Hummus mit Granatapfelkernöl	80

I
In Olivenöl pochierter Skrei mit grünem Erbsenpüree	180

K
Karotten-Hirse-Puffer mit Rucola	148
Karotten-Kichererbsen-Aufstrich	136
Karottensalat mit gerösteten Sonnenblumenkernen	170
Karottensuppe mit gerösteten Sauerteigcroûtons	90
Kartoffel-Ingwer-Suppe	230
Kartoffel-Spargel-Salat mit Pancetta	208
Kartoffelrösti mit Feldsalat	254
Kartoffelsalat mit pochiertem Ei	128
Käsekuchen	24
Kirschkernöl	102
Knoblauchöl	272
Knusprige Blumenkohlbällchen auf Joghurtsauce	224
Kokos-Birnen-Shake	150
Kokosöl	110
Kopfsalat mit Zitronen-Traubenkernöl-Dressing und knusprigen Kartoffelwürfeln	244
Kürbis-Salat mit Orangen und Pinienkernen	32
Kürbis-Taboulé	84
Kürbiskernöl	118

L
Labneh mit Zitrone	168
Lammhüfte in Earl Grey mit geschmorter roter Bete	234
Leindotteröl	130
Leinöl	138
Linsen-Apfel-Salat	216

M
Macadamianussöl	146
Maiskeimöl	152
Mandelöl	156
Mohnöl	164

N
Naanbrot	273

O
Ofen-Saibling mit Kirschtomaten	210
Olivenöl	172
Olivenölkuchen mit Zitronenstreuseln	174
Orangenkuchen	280

P
Palmöl	186
Panzanella mit Tomaten und Kirschen	44
Pasta alla puttanesca	277
Pellkartoffeln und Quark	140
Pflaumenkernöl	192

Q
Quarkcreme mit Himbeeren	36
Quarkknödel in Semmelbröseln mit Kirschkompott	104
Quarkspitzen mit raffiniertem Rapsöl	206
Quinoa-Frühstück (Porridge) mit Zwetschgen und Haselnüssen	264

R
Rapsöl	200
Risotto mit Basilikumöl	271
Rote-Bete-Bulgur-Salat	134

S
Salat aus gegrillter Hähnchenbrust und Mandarine	50
Sandwich mit Halloumi und Kürbis	58
Sauce Hollandaise	28
Schoko-Granola – auf Vorrat	96
Schoko-Nuss-Aufstrich	114
Schokoeis mit Mandelcrumble	34
Schwarzkümmelöl	212
Sesamöl	220
Skyr-Beeren-Creme mit Hafercrunch	266
Sojaöl	228
Sonnenblumenöl	236
Spaghettini-Salat mit Petersilien-Walnuss-Pesto	252
Spanische Churros mit heißer Schokolade	238
Spekulatiuscreme mit Kumquats	198
Spinat-Kichererbsen-Pfanne	188
Spinatsalat mit Kernen und Pfirsichen	40
Steirischer Käferbohnen-Salat	126
Süßkartoffelsuppe mit geröstetem Fladenbrot	42

T
Tapenade – Olivenaufstrich	182
Tatar mit Pflaumen und Paprikacreme	100
Traubenkernöl	242

V
Vanilleeis mit Kürbiskernöl	124
Vanillekekse mit weißer Schokoladenglasur	108
Veganer Heidelbeer-Schoko-Rührkuchen	116
Veganes Apfel-Zwiebel-Schmalz	112
Vinaigrette für jeden Tag – auf Vorrat	202

W
Waldorfsalat	132
Walnuss-Basilikum-Pesto	258
Walnussöl	250
Weizenkeimöl	260
Wiener Schnitzel	26
Würzöle selbst gemacht	268

Z
Ziegenfrischkäse mit gegrilltem Pfirsich	158
Zitronen-Mohn-Selterwasserkuchen	154

DIE ÖLE
Albaöl	22
Aprikosenkernöl	30
Arganöl	38
Avocadoöl	46
Buckeckernöl	56
Distelöl	64
Erdnussöl	70
Granatapfelkernöl	78
Hanföl	86
Haselnussöl	94
Kirschkernöl	102
Kokosöl	110
Kürbiskernöl	118
Leindotteröl	130
Leinöl	138
Macadamianussöl	146
Maiskeimöl	152
Mandelöl	156
Mohnöl	164
Olivenöl	172
Palmöl	186
Pflaumenkernöl	192
Rapsöl	200
Schwarzkümmelöl	212
Selbstgemacht	268
Sesamöl	220
Sojaöl	228
Sonnenblumenöl	236
Traubenkernöl	242
Walnussöl	250
Weizenkeimöl	260
Würzöle selbst gemacht	268
Zitronenöl / Orangenöl	274

ÜBER DIE AUTORIN

Susann Kreihe entwickelt seit vielen Jahren mit Leidenschaft kreative und passgenaue Rezepte. Ihre Kreationen erscheinen regelmäßig in Kochbüchern und Zeitschriften verschiedener Verlage. Neben der Arbeit als Rezeptautorin ist die gelernte Köchin und Betriebswirtin für Hotellerie und Gastronomie auch als Ghostwriterin für bekannte Spitzenköche tätig. Auf www.gerichte-werkstatt.de schreibt sie über die schönen Seiten des Lebens – Kochen und Genießen.

ÜBER DAS FOTOTEAM

Das Fotostudio Photoart gilt seit vielen Jahren als eine der ersten Adressen für anspruchsvolle, zeitgemäße Foodfotografie mit unverwechselbarer Handschrift. Photoart setzt Lebensmittel »zum Anbeißen« in Szene und inszeniert Gerichte und Menüs mit »Unwiderstehlichkeitsgarantie«.

IMPRESSUM

Verantwortlich: Sonya Mayer
Texte und Rezepte: Susann Kreihe
Foodstyling & Foodfotografie: Photoart
Layout: Helen Garner
Umschlaggestaltung: Regina Degenkolbe
(unter Verwendung einer Illustration von Adobe Stock / Anusorn)
Repro: LUDWIG:media
Redaktion: Constanze Lüdicke
Korrektorat: Birgit Schneck
Herstellung: Julia Hegele
Partnermanagement: Thomas Nehm

Printed in Poland by CGS Printing

Bildnachweis
Alle Fotografien des Umschlags und des Innenteils stammen von Photoart,
mit Ausnahme von: Seite 11: Shutterstock / mythja;
Seite 13: Shutterstock / Shablon; Seite 19: Shutterstock / wertinio.

Sind Sie mit diesem Titel zufrieden? Dann würden wir uns über Ihre Weiterempfehlung freuen. Erzählen Sie es im Freundeskreis, berichten Sie Ihrem Buchhändler oder bewerten Sie bei Onlinekauf. Und wenn Sie Kritik, Korrekturen, Aktualisierungen haben, freuen wir uns über Ihre Nachricht an: Christian Verlag, Postfach 40 02 09, D-80702 München oder per E-Mail an lektorat@verlagshaus.de

Unser komplettes Programm finden Sie unter:

Alle Angaben dieses Werkes wurden von der Autorin sorgfältig recherchiert und auf den neuesten Stand gebracht sowie vom Verlag geprüft. Für die Richtigkeit der Angaben kann jedoch keine Haftung übernommen werden, weshalb die Nutzung auf eigene Gefahr erfolgt. Sollte dieses Werk Links auf Webseiten Dritter enthalten, so machen wir uns die Inhalte nicht zu eigen und übernehmen für die Inhalte keine Haftung.

In diesem Buch wird aus Gründen der besseren Lesbarkeit das generische Maskulinum verwendet. Weibliche und anderweitige Geschlechteridentitäten werden dabei ausdrücklich mitgemeint, soweit es für die Aussage erforderlich ist.

Die Deutsche Nationalbibliothek verzeichnet diese Publikation in der Deutschen Nationalbibliografie; detaillierte bibliografische Daten sind im Internet über http://dnb.d-nb.de abrufbar.

Copyright © 2023
Christian Verlag GmbH, Infanteriestraße 11 a, 80797 München

Alle Rechte vorbehalten.

ISBN 978-3-95961-783-3

Ebenfalls erhältlich ...

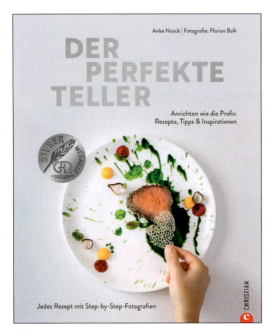

ISBN 978-3-95961-614-0

ISBN 978-3-95961-653-9

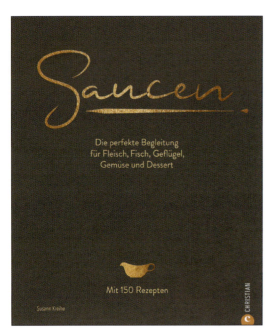

ISBN 978-3-95961-365-1

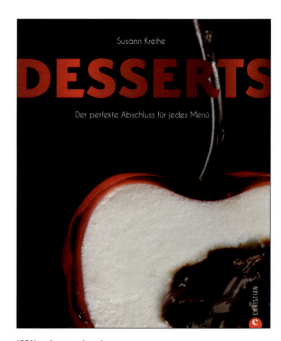

ISBN 978-3-95961-463-4

CHRISTIAN

www.christian-verlag.de